제인 구달

야생 침팬지와 함께한
아찔하고 숨 막히는
아프리카의 삶 속으로

세상을 움직이는

# 제인 구달

글·윤해윤

**나무처럼**
Namubooks

우리가 물건을 살 때
그 물건이 동물을 학대하면서
만들어 낸 것이 아닌지를 생각한다면
작은 변화를 만들 수 있다.

———

제인 구달

반바지를 입은 늘씬한 다리에 긴 금발을 질끈 묶고
산등성이를 맨발로 성큼성큼 기어오르는 젊은 여성,
마치 밀림이 자기 집 앞마당이라도 되는 양 익숙하다.
곧이어 귀여운 새끼 침팬지 한 마리가 다가온다.
그러자 반바지를 입은 여성이 쪼그리고 앉는다.
새끼 침팬지가 거리낌 없이 한 손을 뻗는다.
여성도 손을 뻗어 새끼 침팬지의 손을 잡는다.

제인 구달의 이런 야성적인 매력과 야생 침팬지와의 교감은
〈내셔널지오그래픽〉의 렌즈를 통해

무수히 복제되어 세상에 퍼져나갔다.
마법과도 같은 TV 화면을 통해 짜릿한 정글의 세계가
사람들의 안방으로 전달되었고,
제인 구달은 스타 과학자로 등극했다.

제인 구달의 아프리카는 책 두 권에서 비롯되었다.
바로 『닥터 두리틀 이야기』와 『타잔』이다.
아프리카 모험담을 담은 이 두 책은
1940년대를 사는 열 살 소녀에게
아프리카를 동경하며 자라나게 했다.
타잔의 아내가 되고 싶었던 제인 구달은
스물둘에 진짜로 아프리카로 향했다.
그러나 1957년에 젊은 여성이 아프리카 케냐에서
할 수 있는 일은 별로 없었다.

그런데도 제인 구달은 달랐다.
'열정만 있으면 못 할 것이 없다'라는 말을
제인 구달만큼 잘 실천한 사람이 있었을까?

야생 동물에 대해 완전히 무지하던 그 시대에

이십 대의 젊은 여성이 야생 침팬지를 연구한답시고
탄자니아 곰베 밀림으로 들어갔다.
학위도 없는 고졸 여성이 야생 동물을 연구하러
곰베 밀림으로 들어가는 과정은 그야말로 드라마틱했다.
그리고 그 누구도, 구달의 든든한 후원자 리키 박사조차도,
제인 구달이 이토록 선구적 성과를 낼 줄은
상상도 하지 못했다.

제인 구달은 곰베에서 30년 넘게 야생 침팬지를 연구했고,
획기적인 사실을 밝혀냈다.
우리가 침팬지에 관해 아는 것 모두가
제인 구달이 밝혀낸 것이라 해도 과언이 아니다.

20세기 초·중반까지만 해도 과학자들은
동물에게 감정이 있다고 생각하지 않았다.
감정은 인간의 영역이었고,
야생 동물은 모두 미개했다.
그러나 제인 구달의 연구로 과학자들은 동물도
지각과 감정이 있는 존재라는 사실을 인정할 수밖에 없었다.
이 외에도 제인 구달은

침팬지의 육식, 도구 사용, 서열, 성생활, 육아, 폭력 등
그들이 인간과 비슷한
생활 양식을 갖고 있다는 것을 밝혀내
과학계의 한 획을 그었다.
그리고 그녀가 침팬지 연구를 발표할 때마다
무수한 충격과 이야깃거리가 생산되었다.

당시 젊은 여성 제인 구달에게 어떤 열정이 있었길래
지금도 접근이 쉽지 않은 아프리카를,
그것도 1957년에 여성 혼자 몸으로 쳐들어가,
아무도 걷지 않은 길을 걸은 것일까?

# 차례

푸른 눈의 여신 밴이 계단을 오른다.

계단 꼭대기에는 옆집 두 청년이 잡담을 한다.

그러다 뜬금없이 한 청년이 계단에서 굴러

바로 밴 발치로 고꾸라진다.

청년은 밴을 올려다보며 보조개를 피우며 씩 웃는다.


관심을 끌려는 뻔한 수작임을 안 밴은

식상하다는 표정으로 청년을 내려다보며 지나쳤다.

그런데 변수가 생겨 버렸다.

넘어진 청년이 발목을 삐어 일어나질 못했다.

밴은 어쩐지 청년에게 마음이 쓰였고,

이 사건을 계기로 두 사람은 연인으로,

그리고 부부로 발전하며

밴은 '아찔한 삶' 속으로 빨려 들어갔다.


'아찔한 삶'의 주인공은 모티머 구달로,

부유한 청년이었다.

모티머는 첨단 기술에 흥미가 많았는데,

특히 자동차에 열광해 레이싱에 목숨을 걸었다.

그러나 경제 개념이 없어서

툭하면 미납 독촉장이 날아오곤 했다.

한마디로 그는 태풍의 소용돌이와 같은 사람이었다.


마거릿 조지프는 얼굴 윤곽이 또렷하고

이목구비 조화가 아름다운 미인이었다.

'밴'이라는 애칭을 썼으며,

왈츠를 비롯한 춤을 즐겼고, 글을 꽤 잘 썼다.

훗날 밴은 늦은 나이에 소설가로 데뷔했다.

즉흥적이고 모험심이 강한 모티머와는 다르게

차분하고 계획적이며 이성적이었다.

밴은 1934년 4월 3일 밤 11시 30분,
런던에서 첫 아이를 낳았다.
아이의 공식 이름은 발레리 제인 모리스 구달이다.
과학계의 한 획을 그을 인물의 탄생이었다.
아이는 '발레리 제인'이라는 이름을 쓰다가
고등학교 때부터 '발레리'란 이름을 떼어내고
홀가분하게 '제인'이라는 이름만 썼다.

누구와도 잘 어울리며 매력을 발산한 모티머였지만,
딸에게는 데면데면했다.
아기를 귀여워할 줄도 몰랐다.
밴은 모티머의 이런 태도에 사뭇 당황했다.
그런데 모티머가 딸의 첫 생일 선물로
아이의 인생이 바뀔 장난감을 사 왔다.
실물 크기의 새까만 침팬지 인형인데,
런던동물원에서 갓 태어난 새끼 침팬지를 기념해 만든
'주빌리'라는 인형이다.

주빌리는 짙은 까만 털에 반짝이는 단추 눈을 하고
턱은 새하얗고, 배를 꾹 누르면 멜로디가 나왔다.

주빌리를 본 밴과 유모는 징그럽고 무섭다며 질색했다.
그런데 주빌리를 본 아기는 흥분을 감추지 못하며
물고 빨며 어디나 질질 끌고 다녔다.
80년이 훌쩍 지난 제인 구달의 방에는
지금도 여전히 주빌리가 있다.


애석하게도 모티머 구달은
어린 딸과의 추억거리를 거의 만들지 못해,
제인에겐 아버지와의 추억이 별로 없다.
레이싱에 푹 빠진 기간에는 새벽에 들어왔고,
제2차 세계대전이 나면서 군에 입대했으며,
이후 쭉 떨어져 살았기 때문이다.
그러나 주빌리를 선물한 것으로
모티머 구달은 딸에게 어마어마한 영향을 미쳤고,
또 우월한 DNA를 물려주었다.
지칠 줄 모르는 열정과 탁월한 시력, 강한 모험심,
뛰어난 집중력, 경쟁심은 모티머의 DNA였고,
이런 기질이 없었다면 지금의 제인 구달은 없었을 것이다.
제인은 바다에서 풍랑을 만나도 아랑곳하지 않았고,
난기류로 심하게 흔들리는 비행기에서도 꿋꿋했다.

밴과 모티머는 뜨겁게 연애하고 결혼했으나,

여러 면에서 썩 어울리는 짝은 아니었다.

모티머는 여성들이 꿈꾸는 가정적인 남편은 될 수 없었다.

모험심이 가득하고 호기심 많은 그는

꾸준하고 변화가 없는 가정생활을 견디지 못하고,

밖으로 돌기 일쑤였다.

그러나 이성적이고 포근한 밴은

크게 불만 없이 모티머와 사교를 즐기며

제인과 둘째 딸 주디를 유모의 도움을 받아 잘 키웠다.


어린 제인은 유별나게 동물을 좋아했다.

평범하게 강아지와 고양이, 새를 좋아하는 것을 넘어서

벌레와 곤충, 집에서 기르는 닭까지

생명체란 생명체에는 모조리 관심을 보였다.

그런 꼬맹이에게 집의 마당은

호기심을 키울 아주 좋은 장소였다.


두 살인 제인은 어느 날 마당에서

지렁이를 한 줌 들고 와 침대에 올려놓았다.

이를 본 유모 낸시는 질색하며 소리쳤고,

밴이 놀라서 방으로 달려왔다.
그런데 제인이 지렁이들 옆에 나란히 누워서
행복한 표정을 짓고 있는 게 아닌가.
상기된 밴의 얼굴에 평온함이 묻어났다.


"아가야, 지렁이는 흙에서 살아야 해.
나오면 죽어."


밴의 말을 들은 제인은 벌떡 일어나
지렁이를 도로 마당에 갖다 놓았다.
휴가를 떠난 어느 날엔가는
바닷가에서 달팽이를 주워 왔다.


"지렁이가 흙에서 살아야 하듯이,
달팽이도 바다에서 살아야 해.
아니면 달팽이도 죽어."


이번에도 제인은 부리나케 달팽이를
바다에 놓아주고는
안도의 한숨을 푹 쉬었다.

1939년 여름, 전 세계가 전쟁의 소용돌이에 휘말렸고,
당시 구달 가족은 프랑스에 살고 있었다.
전쟁으로 밴과 제인은 급하게
영국 시골의 모티머 어머니 집으로 거처를 옮겼다.
제인은 '그래니granny(할머니)'라는 발음이 되지 않아,
할머니를 '대니'라고 불렀다.
대니는 제인에게 닭장에서 달걀을 모아오는 일을 시켰다.
어린 제인은 그 일이 몹시 즐겁고 뿌듯했다.


아이의 눈엔 암탉이 알을 낳는 것이 신기할 따름이었다.
'구멍도 없는데 어떻게 알을 낳을까?'
어느 날 호기심 많은 꼬맹이는
이 신비를 밝혀 보기로 했다.


첫 시도는 실패였다.
닭장에 들어가는 데는 성공했으나,
암탉이 무섭게 꼬꼬댁거리는 바람에 쫓겨나고 말았다.
다음 시도는 닭들이 바깥에 돌아다닐 때
미리 빈 닭장에 숨어 들어가서 구석에 쪼그리고 앉아,
암탉이 들어오기를 기다렸다.

마침내 암탉 한 마리가 닭장 안으로 들어와
둥지에 앉았다.
꼬맹이 제인은 숨을 죽이며 한참 동안 기다렸다.
덥고 발이 저려서 당장이라도 뛰쳐나가고 싶었으나,
꾸욱 참았다.
어느 순간 암탉이 절반쯤 일어섰고,
뒤이어 다리 사이에서
하얗고 둥근 것이 쏘옥 비어져 나왔다.
그러더니 '폭'하고 짚으로 떨어지는 게 아닌가.
암탉은 날개를 푸덕거리며
알을 낳은 것을 뽐내기라도 하듯이
닭장을 당당히 걸어 나갔다.


집안에서는 온통 소동이 났다.
다섯 살 아이가 4시간이나 보이지 않았고
이미 날이 어둑어둑 저문 상태였다.
밴은 정신없이 아이를 찾아 헤맸고,
결국엔 경찰에 신고까지 하는 상황이 벌어졌다.


그즈음 흥분해서 눈이 동그라진 제인이

집안으로 뛰어 들어왔다.

아이의 머리와 옷에는 온통 닭장의 짚투성이였다.

밴은 딸아이가 몹시 흥분해 있다는 걸 알아차렸다.

아이는 넋이 나간 밴에게

암탉이 달걀을 낳는 장면을 마구 쏟아냈다.


아이를 혼낼 수도 있는 상황이었지만,

밴의 응대는 더할 나위 없이 훌륭했다.

이제까지의 걱정은 뒤로 하고

아이가 경험한 모든 과정을 호기심 어린 눈으로 바라보며

아이의 말에 귀를 기울였다.


당시 영국의 부모는 아이를 키울 때 체벌이 중요했다.

그러나 밴은 이런 강압적인 교육은 멀리하고

애정과 격려로 아이를 대했다.

자기 또한 이런 방식으로 자라 행복했고,

자신의 두 딸 또한 그러리라고 믿었다.

닭장 사건이 있고 얼마 뒤

모티머 구달은 군대에 자원했고,

밴은 두 딸을 데리고 친정이 있는 본머스로 향했다.


21

밴의 어머니는 빅토리아풍의 오래된 주택에 살았는데,

그 집을 '버치스'라고 불렀다.

이 집은 겨울에는 난방이 되질 않아서

집안에서 입김이 날 정도로 추웠고,

전기도 들어오질 않았다.

이날 이후로 버치스는 제인의 진정한 고향이었고,

밴은 이후 버치스에서 살았다.


제인은 외할머니도 '대니'라고 불렀고,

대니 집에는 밴의 여동생인 올리와 오디도 함께 살았다.

밴의 남동생 에릭은 외과 의사인데,

대부분 주말에만 찾아왔다.

버치스는 대니를 필두로 한 여성들의 장소였다.

이런 환경에서 자라는 이점은 그 누구도 제인에게

"넌 여자니까 이런 일을 하면 안 돼"라고 말하지 않았고,

제인은 그 이점을 누구보다도 잘 누리며 살았다.


열 살 무렵 제인은

인생의 운명을 결정할 책 두 권을 만난다.

첫 책은 휴 로프팅의 『닥터 두리틀 이야기』다.

동물들과 대화를 나누는 한 남자에 관한 이야기로,

동물을 사랑하는 제인에게

닥터 두리틀의 삶은 로망처럼 다가섰다.

아프리카에 대한 환상이 생긴 제인은

용돈을 모아서

중고 서점에서 에드거 버로스가 쓴 『타잔』을 샀다.

처음으로 제 손으로 산 책이었다.

신이 난 제인은 마당에 있는 나무 위로 올라가서

『타잔』을 단숨에 읽어 내려갔다.

책을 다 읽고 나서 제인은 엄청 화가 났다.


"열 살 무렵 나는 타잔과 열렬한 사랑에 빠졌어요.

그래서 이름이 같은 타잔의 애인 제인을 무척 질투했죠.

내가 타잔의 진짜 애인이 되어야 해요.

내가 타잔의 아내가 되어야 한다고요.

지금 타잔의 제인은 가짜예요."


『타잔』은 제인에게 아프리카를 향한

강렬한 갈망을 심어 주었고,

어린 제인은 진심으로 타잔과 결혼하고 싶었다.

밴은 모티머가 보내 주는

월 20파운드 장교 월급으로 생활을 꾸렸으나,

형편이 넉넉지는 않았다.

전쟁 중에 중령으로 진급한 모티머는

홍콩으로 파견 갔다가,

자기가 죽을지도 모른다는 지독한 불안을 겪었고,

이런 감정에서 헤어 나오지 못한 그는

밴에게 충동적으로 이혼하자는 편지를 보냈다.


전쟁이 끝나고 모티머는 영국으로 돌아왔지만,

1951년, 결국 밴과 모티머는 이혼했다.

어쨌든 모티머의 죽음 예감은 틀렸고,

그는 100세 가까이 장수했다.


전쟁은 제인이 다섯 살에 시작해서 열한 살에 끝이 났다.

상상력이 풍부한 어린 제인은 신문을 통해서,

혹은 어른들의 대화를 통해서,

전쟁이 어떤 것인지를 경험했고,

그 경험은 오랫동안 악몽으로 남아 있었다.

성장해서도 제인은 전쟁의 공포를 잊지 않았다.

어린 제인은 학교생활도 곧잘 했다.

승마도 배우고, 또래 친구들과 자연에서 놀며

즐거운 유년 시절을 보냈다.

친구들은 하필 아프리카를 동경하는 제인이

특이하고 엉뚱하다고 생각했다.


고등학교에 들어가면서 제인의 상황은 조금 바뀌었다.

모든 것에 흥미를 잃었고,

수업은 짜증스러웠다.

어릴 때 꾸었던 아프리카 꿈이

성인이 되어가는 과정에서 현실과 괴리감이 생겼다.

그렇기에 사춘기 방황의 시기가 있었다.

그런데도 제인의 성적은 상위권이었고,

대학은 충분히 갈 수 있었다.

그러나 형편이 어려운 밴은 스스로 대학에 다니라며

등록금을 지원하진 않았다.


당시 제인은 대학에 별 뜻이 없었다.

제인이 공부하고 싶은 분야는 동물학 중에서도

아프리카 야생 동물학이었는데,

당시엔 이런 학문은 존재조차 하지 않았다.

동물을 연구하려는 사람들(그나마 남자들이지만)은

잡혀 온 동물로 동물원에서 연구했지,

정작 야생 동물을 관찰하는 사람은 없었다.

이런 분야에 어떻게 접근하는지조차 알지 못했다.

제인은 자신의 꿈이 현실적이지 않은

몽상과도 같은 것이라며 점점 낙담하기에 이르렀다.

딸의 꿈을 응원한 밴은 비서 학교에 가는 것을 권했다.


"비서는 전 세계 어디서든 일자리를 구할 수 있잖아.

그러다 보면 아프리카로 가는 길이 열릴 수도 있지."


비서라는 직업이 마음에 들지는 않았지만,

밴의 말이 일리가 있다고 생각했고,

아버지인 모티머가 학비를 대겠다고 했기에 제인은

1953년 5월, 런던에 가서 퀸스 비서 학교에 들어갔다.

그러나 비서 학교는 대학 정규 과정은 아니었다.

제인은 런던에 방을 하나 얻어 살면서

타자와 속기, 부기 등을 배워

1년 만에 비서 학교를 마쳤다.

성적이 매우 좋아서 1분에 51단어 타자를 치고
110단어를 속기할 수 있었다.
이 능력은 훗날 동물학자가 된 제인에게
무척 쓸모가 있었다.


비서 자격증을 딴 제인은
잠시 올리 이모가 물리치료사로 다니는 병원에서
타자하는 일을 하다가
옥스퍼드대학의 행정실로 자리를 옮겼다.
대학 생활은 나름 흥미로웠다.
공부도 안 하고 학교에 다니는 학생 같다고나 할까.
무엇보다도 마음에 쏙 든 건 템스강이었는데,
제인은 아침 일찍 혹은 저녁 늦게 카누를 즐겼다.
그러나 학교 일이 어찌나 지루하던지,
역시 제인은 모티머의 딸이었다.


제인은 이 시기에 브라이언이라는 청년과 연애 중이었다.
그와 극장이나 카페에 갔고, 드라이브를 즐겼는데,
브라이언의 다소 지나친 관심이 부담스러웠다.
그래서 그와 헤어지고,

가볍게 다른 청년을 여럿 사귀었다.

제인은 그들과 댄스파티를 즐기며 뜨거운 청춘을 불살랐다.

다음 직업은 이제껏 한 일 중에서 가장 매력적이었다.

광고나 홍보 영상을 제작하는

런던의 스탠리 스코필드 스튜디오에서 일했다.

스타킹 광고에 나올 모델을 면접하는 날이면

키가 큰 젊은 여성들이 면접관 앞에서

날씬한 다리를 훅 걷어 올리는 진풍경이 연출되었다.

그러면 제인은 자기도

영상 속 모델이 되는 장면을 상상하기도 했다.

'모델이 되는 것은 어떨까?'

이런 공상 속에 잠겨 있던 어느 날

고등학교 동창인 클로에게서 편지가 날아왔다.

'나는 지금 아프리카 케냐에 있어.

우리 아버지가 여기 작은 마을에 농장을 하나 샀어.

나 이곳에 한참 있을 거야.

너, 아프리카 오고 싶어 했잖아.

오지 않을래?'


클로의 편지를 읽는 순간,

제인의 머릿속에 한 줄기 빛이 번쩍였다.

왕복 뱃삯 670달러와 여행 경비를 마련해야 하는데,

스코필드 스튜디오 급여로는 어림도 없었다.

과감하게 스튜디오를 그만둔 제인은 버치스로 돌아와

근처 고풍스러운 호텔 식당에서 웨이트리스로 일했다.

처음에는 쉬운 일이겠거니 하고 얕잡아 보았지만,

식사와 차를 서빙하는데

익혀야 할 기술이 한둘이 아녔다.

한 손에는 접시를 든 채로

다른 손으로는 스푼이나 포크를 사용해서

고기와 채소를 능숙하게 접시에 올리는 법 등을 익혀야 했다.


제인은 2주에 하루만 쉬면서 숨 가쁘게 일했다.

그러다 보니 한꺼번에 접시 13개를 쟁반을 받치지 않고도

나를 수 있을 정도로 실력이 늘었다.

짬짬이 아프리카에 관한 책도 읽었다.

호텔 식당에서 일한 지 5개월 만에 경비가 마련되었다.



1957년 3월 13일 수요일, 스물두 살의 제인은

밴과 에릭 삼촌의 배웅을 받으며

'케냐 캐슬'호를 타고 아프리카 케냐로 향했다.

아프리카로 가는 21일간의 여정은 상상도 못 한 고생이었다.

피부가 뙤약볕에 화상을 입을 지경이었다.

그러나 평생 잊지 못할 추억이기도 했다.

무진장 뜨거운 갑판 위에 서 있으면

가끔 돌고래와 상어가 나타난다.

이 장면에서 제인은 흥분을 감출 수 없었다.

태어나서 처음 보는 돌고래와 상어다.


선상에서 사람들과 어울리는 재미 또한 쏠쏠했다.

제인에게 추파를 던지는 남성도 많았다.

제인은 은근히 이런 시선을 즐겼다.

아쉽게도 두리틀 박사처럼 다이나믹한 사건은 없었지만,

미지의 세계로 향하는 마음이

이토록 기대에 차고 설렐 줄이야!


1957년 4월 2일, 마침내 제인은 배에 탄 지 20일 만에

케냐 몸바사에 도착했고,

거기서 다시 기차를 타고 꼬박 하루를 더 달려

다음날인 4월 3일 늦게 나이로비 땅에 발을 디뎠다.

이날은 제인의 스물세 번째 생일이었다.

금발에 몸집이 풍만하고 꽤 관능적인 클로가

아버지와 남친과 함께 기차역에 마중 나왔다.

반가움의 포옹을 나누고 그들은 차에 올라

우선 호텔에 가서 식사를 하고는

키난콥에 있는 클로네 농장으로 향했다.

먼지가 뿌옇게 날리는 비포장도로를 달리는데,

기린이 바로 눈앞에 나타난 것이 아닌가.

제인은 비포장도로 한가운데를

우아하게 달리는 기린을 넋 놓고 바라보았다.

마치 슬로모션으로 달리는 것 같았다.

혹시 꿈이 아닐까.

순간 속도를 내던 차가 갑자기 급브레이크를 밟았고

제인은 앞으로 튕겨 나갈 뻔했다.

제멋대로 돌아다니는 땅돼지를 피하기 위해서였다.

진짜로 아프리카에 왔다는 실감이 들었다.

어릴 때부터 늘 꿈꾸던 아프리카!

두리틀 박사와 타잔의 아프리카!


책 속에 들어와서 사는 들뜬 기분으로 며칠이 지나갔다.

모든 것이 새롭고 흥분되었다.

제인은 클로와 그 남자친구, 낯선 청년들과

낮에는 톰슨 폭포와 야생 동물을 구경하며 쏘다녔고,
밤에는 클럽에서 춤을 추며 청춘을 즐겼다.

'난 케냐에 푹 빠졌어요.

케냐는 제멋대로인 야성적인 곳이에요.

완전히 종잡을 수 없는 데죠.

여기를 미개하다고 하는 사람들도 있지만,

내 기질에는 딱 맞아요. 처음부터 고향 같았어요.

여긴 다 미쳤어요. 괜찮아요. 나도 미쳤으니까요.'

하루하루가 즐거운 제인은 밴에게 편지를 썼다.
제인은 시내에서 갈라고원숭이를 4파운드 주고 샀다.
이 어린 원숭이는 사냥꾼에게 잡혀
야생 동물 시장에 나왔다.
조그만 녀석이 귀여워서 사지 않고는 견딜 수 없었고,
'레비'라는 이름을 지어주었다.

처음부터 제인은 아프리카에 한동안 눌러살 작정이었다.
그래서 클로와 꿈같은 한 달을 보내고,
나이로비에 룸메이트가 있는 2인실 방을 구했다.

33

다행히 룸메이트가 동물을 좋아해서 레비도 함께 살았다.
생활비를 벌어야 했기에
영국계 건축회사에 비서로 취직했다.

비서 일은 따분했지만,
레비를 데리고 출근할 수 있었고,
정규 수입이 있어서 생활이 안정되었다.
레비는 야행성이라 낮에는 대개 잠만 잤고,
밤이 되면 곤충을 잡는답시고 활발하게 돌아다녀,
제인과 룸메이트의 밤잠을 설치게 했다.
이것은 룸메이트와 불화의 원인이 되었다.

한동안 아프리카 생활이 즐겁긴 했지만,
비서 일은 따분했고, 막상 아프리카에 왔어도
하고자 하는 꿈이 어디 있는지 방황의 시기가 찾아왔다.
막연하게 동경하는 야생 동물 세계에
어떻게 접근해야 할 줄도 알지 못했다.

"동물에 관심이 있다면
루이스 리키 박사를 만나 봐요."

어느 날 저녁 모임에서 누군가가 제인에게 정보를 주었다.
이 정보는 제인의 인생을 바꾸어 놓았다.


루이스 리키 박사는
나이로비 자연사박물관인 코리든 박물관 관장으로
영국의 케임브리지 출신의 유명한 인류학자였다.
그는 아프리카에서 인류의 조상을 찾는
화석 탐사 작업을 하고 있었다.
선교사인 그의 아버지는 아들을
케냐의 가장 큰 부족인 키쿠유족 틈에서 자라게 했고,
그 덕에 박사는 백인 누구보다도 아프리카를 잘 이해했다.


1957년 5월 24일, 하루바삐 루이스 리키 박사를
만나고 싶은 제인은 미리 약속하고 찾아갔다.
그날은 공휴일이었다.
리키 박사는 백발에 흰 콧수염,
허름한 카키색 양복을 입고 있었는데,
단추가 군데군데 떨어져 나갔고,
바지 무릎이 나왔으며, 주머니는 불룩했다.
또 골초인지 몸에서 냄새가 났다.

박사는 제인의 방문이 즐겁고 흥미로운 듯이 보였고,

여러 동물 이야기와 박물관에 소장한

다양한 뱀을 보여 주었다.

또 가뭄에 아주 잘 견디는 물고기 이야기도 해 주었다.

제인은 리키 박사에게서 따뜻함을 느꼈고,

그의 이야기에 완전히 몰입해서 시간 가는 줄 몰랐다.

신기한 나라의 이야기 같았다.


'이것이 내가 아프리카에 온 이유인데.'


당시 리키 박사의 비서 자리가 공석이었다.

그러나 학위도 없고

더군다나 동물학 공부를 전혀 하지 않은 제인이

그 자리를 차지할 확률은 높지 않았다.

그런데도 제인에게 기회가 왔다.

생각보다 아프리카에 관한 많이 안다고 생각한 때문인지,

놀랍게도 이야기 마무리쯤에 박사는 비서 자리를 제안했다.

이때 제인은 어떤 기회가 왔음을 감지했다.

코리든 박물관은 완전히 아프리카 삶의 파노라마였다.

그러니 이곳 비서 일은 절대로 따분하지 않을 것이다.

여름이면 리키 박사 부부는 탄자니아(당시엔 탕가니카)의
올두바이 협곡으로 화석 탐사를 떠나는데,
인류의 조상을 찾는 것이 탐사의 목적이었다.
리키 박사의 아내 메리도 늘 탐사에 참여한다.
메리는 인류학 전공자는 아니지만,
화석 발굴에 관한 지식과 열정이 많았고,
특히 발굴한 유물을 그리는 실력이 탁월했다.
둘은 화석 발굴 작업에서는 환상의 팀이었지만,
부부관계는 외줄 타기였다.
박사의 잦은 외도에 메리는 머리카락이 곤두서 있었다.

제인은 9월부터 비서 일을 시작하기로 했는데,
리키 박사가 여름 탐사에 참여해 보라는 제안을 했다.
물론 아내인 메리의 승낙이 필요한 상황이었다.
제인은 이번 탐사에 꼭 참여하고 싶었다.
그래서 메리에게 잘 보이고 싶었다.
리키 박사는 승마장에서 제인을 메리에게 소개했다.
메리는 제인에게 심술쟁이 망아지를 타보라고 권했는데,
이 망아지는 사람이 오르면 뒷걸음질 쳐서,
탄 사람을 당황하게 하는 습관이 있었다.

그러나 망아지에 탄 제인은 놀라지 않았고,

망아지가 어디 아픈 것 같다고 말하며,

망아지의 안장을 벗겨 보았다.

그랬더니 안장에 피부가 쓸려서 등이 벌겋게 부어 있었다.

메리에게 이런 제인의 모습은 꽤 인상적이었다.


면접과도 같은 식사가 끝나고,

제인은 리키 박사의 아들들과 산책하러 나갔다.

메리는 젊고 아름다운 제인이 신경에 거슬렸다.

그런데도 예의 바르고,

당시 부부의 불화로 불안정한 세 아들과 잘 어울리며

상황 파악을 잘하는 제인이 마음에 들어서

탐사에 끼워주기로 마음먹었다.

박물관의 또 다른 직원 질리언도 함께하기로 했다.


삶이 이렇게 설레도 되는 것일까!

제인은 탐사 준비를 하면서 삶의 충만함을 만끽했다.

출발하기에 앞서 무엇보다도 긴 머리가 신경이 쓰였다.

고심 끝에 머리를 질끈 묶었고,

이후 포니테일은 제인 구달의 트레이드마크가 되었다.

올두바이 협곡은 여러 작은 계곡이 붙은 가파른 협곡으로,

현재 탄자니아 세렝게티 평원 동쪽에 있다.

1957년에 세렝게티는 거의 알려지지 않았고,

올두바이 협곡은 외져서 길이 닦여 있지 않았다.

협곡까지 가는 길은 흡사 영화를 방불케 했다.

랜드로버에 탄 일행은 야생 동물의 매서운 눈초리에 맞서며

거칠고 풀이 우거진 지역을 잔뜩 긴장한 채로 지나쳤다.


화석 탐사는 순서에 따라 진행되었는데,

우선 현지 일꾼들이 곡괭이와 삽으로

땅을 어느 정도까지 파면

그다음엔 질리언과 메리, 제인이 나섰다.

그들은 사냥용 칼로

뭔가 흥미로운 것이 나올 때까지 단단한 흙을 긁어냈다.

그들은 혹시 나올지도 모를 화석을 보호하려고

치과용 도구를 써서, 매일 8시간씩 일했다.

오전 11시에 잠깐 커피 타임과

땡볕이 내리쬐는 한낮은 일손을 멈췄다.

화석 발굴 작업은 더디게 진행되었고

어떨 땐 하루 종일 고생하며 판 화석이

쥐 뼈로 판명 나 기운을 쭉 뺀 적도 있었다.


리키 박사는 특유의 밝은 성격으로

주위 사람을 유쾌하게 하는 매력이 있었다.

제인과 질리언은 박사의 유머에 늘 깔깔거렸다.

반면에 메리는 자주 취해 있었고 외톨이였다.

메리는 툭하면 데려온 개 두 마리하고만 있었다.

그렇기에 제인과 질리언은 살얼음판을 걷는 기분이었다.

분위기는 그래도 올두바이 협곡 체험은

두말할 나위 없이 좋았다.

사자에게 쫓기는 등골 오싹한 경험조차도 짜릿했다.


올두바이 탐사가 끝나갈 즈음,

그늘에서 쉬는 제인에게 리키 박사가 다가와 앉더니,

이런저런 얘기 끝에 야생 침팬지 연구 얘기를 꺼냈고,

침팬지 행동을 체계적으로 연구할 구상을 털어놓았다.

침팬지의 행동이 인간과 비슷하다면,

인류의 공통 조상을 찾아내는 데 도움이 될 거라는 얘기였다.

그러나 침팬지를 야생에서 연구하는 일은 위험천만했다.

이런 연구가 가능하다고 생각하는 사람도 없었다.

또 용기를 낼 연구원을 찾을 수 있을지도 의문이었다.
게다가 이전 연구가 없어서 참고할 만한 정보는
거의 없는 상태였다.
맨바닥의 헤딩인 셈이다.


거의 석 달에 걸친 힘겨운 협곡 탐사가 끝났다.
늘 그렇듯, 원하는 화석을 찾지는 못했지만,
멸종 동물들의 화석, 고대 사람들의 화석 등을
발견할 수 있었다.
9월에 나이로비로 돌아온 제인은
리키 박사의 공식적인 비서 업무를 시작했고,
리키 박사가 기숙사 방을 마련해 주었다.
혼자 쓸 방이 생긴 제인은 까무러칠 듯이 좋았다.

스물세 살의 제인에게

1957년은 참으로 많은 일이 일어난 해였다.

그해 여름 제인은 브라이언이란 남자를 알게 되었다.

그는 사냥꾼 겸 사파리 가이드였다.

그의 직업이 마음에 들지 않은 제인은

처음 그를 만났을 때 별생각이 없었다.

멜로드라마에 나오는 주인공처럼 생긴 모습에도

그다지 매력을 느끼지 못했다.

브라이언은 시끌벅적한 사고뭉치 케냐 친구들과

제법 잘 어울려 다니며 말썽을 피우기도 했다.

그러나 활달하고 모험을 좋아하는 기질은
제인과 닮아 있었다.
자연스럽게 두 사람은 가까워졌고,
제인과 브라이언은 별별 청년들과 어울려 다니며
밤새 열리는 파티를 즐겼다.

그즈음 제인에게 껄끄러운 일이 생겼다.
리키 박사는 아내의 촉대로,
제인에게 흑심을 보였다.
그는 차보 국립공원 근처로 야영을 가자고 유혹했고,
또 갑자기 문을 두드리는 시끄러운 소리에 나가 보면,
빨간 장미 한 송이를 든 박사의 손이
불쑥 들어오기도 했다.
참으로 난감한 상황이었다.

제인과 한 번 사귀어 보려는 남자는
비단 리키 박사뿐만은 아니었다.
제인은 젊고 예쁜 데다
성격도 밝고 활기차며 모험을 즐겨 인기가 많았다.
제인은 나름 이런 상황을 즐기며 여러 남성을 만났다.

그러나 리키 박사만큼은 즐길 수 없었다.

제인은 둘의 관계를

직업적으로만 유지하고 싶어서

일부러 애인이 있는 척도 하며 요리조리 피해 다녔다.

그의 아내 메리도 신경이 쓰였다.

그렇다고 박사를 피해 직장을 그만둘 마음은

추호도 없었다.

이제껏 한 일 중에서 가장 즐거웠기 때문이다.


마냥 피할 수만은 없다고 판단하여,

제인은 정면 승부를 걸었다.

제인은 박사를 만나서 솔직하게 이야기를 나눴다.

처음 박사를 만났을 때 느꼈던 아버지 같은 느낌,

아버지와 큰 정이 없는 자신에게

아버지가 되어주었으면 하는 소망,

남녀 관계로 얽혀서 박사와 직업을

동시에 잃고 싶지 않은 심정 등을 털어놓았다.

리키 박사도 제인을 깊이 이해했다.

그리고 박사 또한 제인을 잃고 싶지 않았다.

그렇기에 박사는 안간힘을 쓰며 자신의 마음을 다스렸고,

결국 제인에게 아버지 같은 존재로 남았다.


리키 박사는 툭하면 제인에게 침팬지 연구 얘기를 꺼냈다.

어느 순간부터 제인은

이 연구에 욕심이 나기 시작했다.

그러나 과학 교육도 받지 않았고,

관련 분야 경험도 전혀 없어서,

욕심에 그쳐야 한다고 스스로 타일렀다.

어느 날 몰입해서 박사의 침팬지 얘기를 듣던 제인은

자기도 모르게 열망을 불쑥 내뱉었다.


"박사님, 저한테 그런 말씀 하지 마세요.

제가 그 일을 하고 싶어 미치겠거든요."


그러자 박사는 빙긋이 웃으며

의미심장한 표정을 지었다.

리키 박사는 침팬지 프로젝트 연구자로

제인을 염두에 두고 있었다.

그는 제인의 공식적인 자격 따위는 잠시 제쳐놓았다.

이 연구는 동물을 사랑하는 마음과 끈기가 더 중요했다.

게다가 특출난 동물과의 교감과 모험심, 호기심을 갖춘
제인은 괜찮은 선택인 듯했다.


주위에선 20대 초 여성이 혼자 아프리카 밀림에서
생활하는 것은 위험천만하다고 만류했다.
그러나 리키 박사의 속내는 달랐다.
오히려 여성이 이 연구에 더 적합할 수 있다고 여겼다.
여성 특유의 섬세함과 인내심으로
침팬지를 세심하게 관찰할 수 있다고 믿었기 때문이다.
게다가 제인이 대안이라고 생각한 이유는
침팬지 연구에 관심을 보인 과학자가 없었기 때문이다.
이전에 야생 침팬지 행동을 연구한 사람은
헨리 닛슨 교수가 유일했다.
그는 기니에서 약 두 달 반 동안 침팬지를 관찰했다.
이것은 선구적인 작업이었으나,
연구 기간이 짧아서 제대로 된 연구라고 볼 수 없었다.


리키 박사의 의중을 안 제인은
곧 곰베 밀림으로 가게 될 줄 알고 들떠 있었는데,
안타깝게도 아직 후원금 마련이 해결되지 않았다.

기금을 마련하는 데 얼마나 걸릴지,

야생 침팬지 연구 프로젝트를 지원할 후원자를

찾을 수 있는지도 뿌연 안개 속이었다.

그러나 연구할 사람을 찾았으니,

리키 박사는 사방팔방으로 후원자를 찾아 나섰다.


솔직히 말해서 자격이 없는 개인 비서가 하는 연구에

경비를 지원할 후원자는 없는 듯했다.

리키 박사가 후원금 마련으로 사방으로 분주한 와중에

제인에게 식구가 더 생겼다.

갈라고원숭이 '레비' 외에도

난쟁이 몽구스 '킵'과 긴꼬리원숭이 '콤보'다.

두 녀석은 브라이언과 함께 야생 밀렵꾼에게 샀다.

이들을 시작으로 고슴도치, 개, 고양이 등이 합류했다.

제인의 방은 흡사 작은 동물원 같았다.

이들은 제인의 아파트 열린 문으로 탈출한다든가,

이웃집 아기를 공격한다든가 하는

크고 작은 문제를 일으키며

제인과 아찔한 동거를 했다.

제인에게 식구가 점점 늘어나는 사이에

제인과 브라이언은 불화가 잦았다.

두 사람은 싸우는데 온 에너지를 쏟고 있었다.

삐걱거리는 두 사람의 관계는

회복의 조짐이 보이지 않았다.


그러자 제인은 박물관 탐사에 더욱 열을 올렸다.

리키 박사의 아들 조나단과 카카메가 숲에서

표본을 채취하는 탐사는 무척 흥미로웠다.

나중에 곰베 우림을 가기 위한 사전 체험 같았다.

제인은 조나단과 죽이 잘 맞았다.

그는 아버지를 닮아서 배려심이 깊고 재치가 뛰어났다.


어느 정도 아프리카에 적응한 제인은

비행기 표를 사서 밴에게 보냈다.

제인은 처음부터 엄마를 초대하려고

비행기 푯값을 꾸준히 저축했었다.

비행기 표는 뱃삯보다 몇 배나 비쌌지만,

엄마가 아프리카로 오는 여정이

고단하지 않기를 바라는 마음에 이런 초대를 준비했다.

딸의 깜짝 선물에 감동한 밴은 곧바로 케냐로 날아왔다.

밴은 석 달간 케냐에 머물렀고,
브라이언과 리키 박사도 만났다.
밴이 보기에 브라이언은
기분이 좋고 나쁘기를 자주 반복했으며,
꽤나 즉흥적이었다.
느낌에 딸아이가 그에게 집착이 강한 것 같아
마음이 쓰였다.

리키 박사는 아름다운 밴의 매력에 푹 빠졌다.
그는 자기 소유의 탐험용 배에 밴과 제인을 태워
세계에서 두 번째로 큰 빅토리아 호수를
일주일간 항해하는 호의를 베풀었다.
제인과 밴은 빅토리아 호수의 룰루이 섬도 방문했다.
섬에는 버빗원숭이와 야생 동물로 가득했다.

밴 또한 리키 박사가 마음에 들었다.
밴이 보기에 리키 박사는 모티머와는 다르게
다정하고 배려심이 많았다.
이야기를 무척 재미있게 이끌고
여러 분야에서 학식 많은 그가

딸아이의 후원자 역할을 하는 것이 믿음직했다.

이 인연을 계기로 밴과 리키 박사는

각별한 사이로 발전한다.


우선 리키 박사는 탄자니아의

곰베 국립공원(당시엔 곰베 스트림 침팬지 보호구역)에서

제인이 6개월간 침팬지를 연구할 수 있도록

정부 승인을 받았다.

그러나 담당자는 젊은 여성 혼자는 위험하다며

함께할 조수를 추가하라는 지시를 내렸다.

밴은 이 기회를 놓치지 않았다.

밴은 딸의 꿈을 함께하고 싶어 조수를 자청했다.


정부의 승인을 얻기는 했으나,

후원금은 아무런 소득이 없었다.

이 프로젝트가 성사될지도 오리무중이었다.

밴이 영국으로 돌아갈 시기가 되었다.

밴은 제인에게 함께 영국에 갔다가,

침팬지 연구 프로젝트가 결정되면 다시 오자고 설득했다.

제인도 그러는 것이 좋겠다고 생각했다.

함께한 반려동물들은 대부분 새로운 주인을 찾아 주었고,
레비는 병들어 죽었다.
몽구스 킵과 얼떨결에 식구가 된 옆집 개 부지는
영국에 데려가기로 했다.


제인은 브라이언과 차보 국립공원으로
마지막 여행을 떠났다.
수영도 하고, 코뿔소와 영양, 얼룩말을 보며
아프리카에서 가장 행복한 일주일을 보냈다.
그리고 밴과 함께 영국행 배에 몸을 실었다.

1959년 1월, 런던으로 온 제인은

아버지 모티머의 집에 더부살이하며

런던동물원의 TV 영상 자료실에서 일했다.

제인은 킵과 부지를 데리고 출근했고,

동료 사이에서 킵과 부지는 인기가 좋았다.

나중에 부지는 런던동물원에서 제작한

영화에도 출연하며 인기를 누렸다.

제인은 점심시간에 한가로이 동물원을 산책하는 게 좋았다.

이리 저리 돌아다니다 보면

문득 문득 아프리카가 그리웠다.

런던동물원에 침팬지가 세 마리 있었다.

수컷 한 마리, 암컷 두 마리였는데,

늘 찾아가서 그들을 살폈다.

수컷은 정신이 나간 듯이 보였다.

구석에 쪼그리고 앉아서 입만 벌렸다 오므리기를 반복했다.


제인은 이 수컷 침팬지가 불쌍했다.

침팬지뿐만이 아니라,

우리에 갇힌 동물들을 보는 마음이 편치 않았다.

동물원에는 아프리카에서 포획되어 온 동물이 많았다.

이런 동물을 동물원 우리에 살게 하는 것이

맞는지에 대한 의구심이 생겼다.

제인은 침팬지 책을 사서 침팬지 공부도 열심이었다.

책에는 침팬지는 초식동물이고 감정은 없다고 쓰여 있는데,

얼른 이 사실을 확인하고 싶었다.


한편 리키 박사는 여러 군데서 후원 신청을 거부당했고,

마지막으로 미국으로 건너가

자신의 올두바이 협곡 탐사의 새로운 후원자인

미국의 윌키 재단에 침팬지 프로젝트 후원을 청했다.

후원 신청서에 제인의 비서 경력은 빼고
연구 직원이라 소개했고,
야생 동물과의 소통에 탁월한 능력이 있다고 적었다.
그리고 놀랍게도 침팬지 프로젝트에
3천 달러를 후원하겠다는 답을 들었다.
제인이 영국으로 떠나고 서너 달 만에 이룬 쾌거였다.

그런데 박사는 마지막 순간에 흔들렸다.
당시 리키 박사는 신시내티 대학에서 강연 요청을 받았다.
거기서 강의를 들으러 온 인류학을 전공한
캐서린 호지어가 침팬지 연구에 호기심을 보인 것이다.
이미 며칠 전에 사석에서 캐서린을 소개받은 적이 있었고,
그녀는 박사의 연구에 꽤 호기심을 보였다.

물론 리키 박사는 학위 따위는 중요하지 않고
현장 연구는 열정과 끈기로 일구는 결과임을
누구보다도 잘 알고 있었다.
그런데도 학위를 무조건 무시할 수 없는 것이 현실이었다.
아무리 힘들게 연구해서 좋은 결과를 빚어도
아무도 관심을 두지 않거나

학계에서 인정하지 않으면 낭패였기 때문이다.
또 진짜로 제인이 과학계에서 인정할 만한 결과를
빚어낼 수 있을지도 의문이었다.
그러는 사이 몇 개월이 지났고,
침팬지 프로젝트는 리키 부부의 중대한 발견으로
잠시 미뤄졌다.

1959년 7월, 부부는 올두바이 협곡 탐사에서
드디어 가장 오래된 인간의 머리뼈 화석을 발견했다.
이것은 엄청난 발견이었고,
전 세계가 주목했다.
그렇기에 리키 박사는 이와 관련한
어마어마한 일정이 잡혔고,
그의 명성은 한층 높아졌다.
이 두개골 발견으로 리키 박사는
미국 내셔널지오그래픽협회의 지원금을 받게 되었다.
이로써 늘 자금난에 시달리던 그의 탐사는 숨통이 트였다.

영국에서 리키 박사의 연락만을 손꼽아 기다리는 제인도
박사의 고민을 나름 알고 있었다.

'어쩌면 아프리카로 돌아가지 못할 수도 있어.
그럼 어찌해야 하지?'


학벌도 관련 경험이 부족한 것도 사실이었다.
그렇기에 제인은 생각이 많았다.
이제라도 대학에 가서 동물학 공부를 해야 하는지,
아니면 다른 길을 찾아봐야 하는지.
이제 제인은 스물다섯 살이다.
당시 성인 여성으로서는 적은 나이가 아니었다.
그렇다 하더라도 제인은 리키 박사의 연락을
하염없이 기다리고 있었다.
벌써 영국으로 돌아온 지 1년이 넘었다.


마음이 싱숭생숭하고 찬 바람이 불던 어느 가을날,
제인은 플라멩코 기타 연주회에서
우연히 배우 로버트 영과 만났고,
그는 첫눈에 제인에게 반했다.
제인의 열정과 야망이 무척 매력적이었다.
당시 젊은 여성에게 열정과 야망을 느끼기란 쉽지 않았기에,
그에게 제인은 신선하고 매력적이었다.

로버트는 청혼했고

아프리카로 떠나기 전에 결혼하자고 재촉했다.

제인은 로버트를 '밥'이라고 불렀고, 그를 사랑했다.

제인이 사귀며 결혼을 생각한 남자는

브라이언과 밥 두 사람뿐이었다.

그러나 이들의 직업은 야생 동물 사냥꾼에

그저 그런 배우였다.

이 부분은 모티머와 밴의 걱정거리였다.

두 사람은 제인이 로버트와 결혼하면

불안정한 결혼 생활을 할 것이라며 걱정했다.

실제로 제인은 안정적인 직업을 가진 남성에게서

별반 매력을 느끼지 못했다.


제인은 밥과 결혼하고 싶었으나 무턱대고 할 수는 없었다.

곧 아프리카로 갈 수도 있는데, 덜컥 결혼이라니.

결혼은 제인이 아프리카에 가게 되면 침팬지 연구를 끝내고

꼭 돌아온다는 확신이 있어야 할 수 있는 것이었다.

또 아프리카를 완전히 잊고 살 수 있는지도 확인해야 했다.

그래서 제인은 약혼부터 하자고 밥을 설득했고,

밥도 한 발짝 물러섰다.

제인은 리키 박사에게 약혼을 일부러 알리지 않았다.
혹시 침팬지 프로젝트 결정에 좋지 않은
영향을 줄 것이 두려웠기 때문이다.
그즈음 리키 박사에게서 기다리던 연락이 왔다.


'곰베로 갈 채비가 되었으니, 즉시 돌아올 것.'


리키 박사는 캐서린 호지어의 답을 기다렸으나,
그녀는 제인처럼 용기를 내지 못했고,
박사는 처음 생각대로 제인에게 모험을 걸기로 했다.


제인은 약혼하고 보름쯤 뒤에 밴과 나이로비로 향했다.
한창 연애에 불이 붙은 제인과 밥은 헤어지는 것이
아쉽고 서러워 작별 인사를 하고 또 하며 헤어지는데
어려움을 겪었다.
그리고 이것으로 그와는 마지막이었다.


안타깝게도 나이로비에 도착한 제인과 밴은
곧바로 곰베로 향하지 못했다.
곰베 주변 어부들 사이에서 어업권 분쟁이 일어났고,

자칫하면 폭동으로 이어질 수도 있었다.

그래서 곰베로 가는 것이 당분간 금지되었다.

다행히도 리키 박사가 곰베 전초전으로

빅토리아 호수의 룰루이 섬에 가서

버빗원숭이를 연구하라는 임무를 주었다.

제인도 이 제안이 마음에 들었다.

그러나 버빗원숭이를 어떻게 연구해야 하는지,

무엇을 연구해야 하는지 도대체 감이 잡히지 않았다.

제인이 참고하거나 기준으로 삼을 만한

버빗원숭이 기록이 없었기에 제인으로서는 막막했다.

그래도 일단 부딪혀 보기로 마음먹었다.


제인은 룰루이 섬에서 새벽 5시에 일어나,

풀숲으로 가서 가만히 앉아 있기도 하고,

아무거나 주워 먹기도 했다.

원래 자기가 거기 있는 존재라는 것을

인식시키기 위해서였다.

그렇게 9시경까지 있다가 배로 돌아와서

밴과 아침을 먹었다.

그러고 나서 다시 섬으로 들어가서

자연스럽게 원숭이들 속에서 녀석들을 관찰하며
모든 행동을 노트에 적었다.
먹이 먹는 법, 소리 내는 방식, 짝짓기, 털 고르기,
앉아 있는 자세, 화내는 모습. 목욕하는 모습.

처음에 원숭이들은 제인을 경계했으나,
곧 제인의 존재에 익숙해졌고,
시간이 지나면서 별로 신경 쓰지 않는 듯했다.
며칠이 지나자 원숭이를 개별적으로 구분할 수 있었다.
그러자 원숭이마다 이름을 붙여 주었다.
베시, 새미, 피에르, 브루투스.
당시로서는 이런 접근법은 무척 생소했다.
이것은 제인만의 방식이었다.

깜깜해지면 제인은 배로 돌아와서 저녁을 먹고
밤 9시면 라디오에 귀를 기울였다.
리키 박사가 뉴스에 소식을 전하겠다고 했기 때문이다.
그리고 드디어 돌아오라는 소식을 들었다.

룰루이 섬에 온 지 3주가량 된 6월 30일에

두 사람은 나이로비로 돌아왔다.

제인은 원숭이들과 정이 들어서 헤어지는 것이

못내 아쉬웠다.

제인에게서 버빗원숭이 관찰일지를 건네받은 리키 박사는

초보 티가 팍팍 나는 보고서에 한숨을 크게 내쉬며

수고했다고 격려했다.

이 모습을 본 제인은 곰베의 침팬지 연구에

좀 더 생각이 많아졌다.


1960년 7월 5일 화요일, 제인과 밴은

랜드로버 지프에 텐트와 생수, 모기장, 음식 상자,

그리고 짐 가방을 싣고 곰베로 향할 준비를 마쳤다.

박물관의 식물학자 버나드 박사가

곰베에서 가장 가까운 항구 도시 키고마까지 태워 주었다.

3일이나 걸려서 탕가니카 호수 끝 키고마에 도착했다.

그들은 새파랗게 펼쳐진 호수와 천연물감으로

색을 입힌 것 같은 산의 전경에 마음을 홀딱 빼앗겼다.


7월 14일, 제인과 밴은 운전한 버나드와 헤어져,

현지에서 고용한 요리사 도미니크와 곰베로 향했다.

대형 여객선에 장비와 물품을 모두 싣고

그들은 2시간이나 걸려서 호수를 건넜다.

드디어 곰베의 전경이 시야에 들어왔고 배가 정박했다.

마침내 꿈에 그리던 곰베 밀림에 도착했다.


곰베 국립공원 가이드 아돌프의 안내로

제인과 밴은 냇가 근처 그늘에 캠프를 마련했다.

요리사 도미니크는 조금 떨어진 곳에

작은 텐트를 치고 음식을 준비했다.

텐트 안에 간이침대도 폈다.

또 텐트 전체에 모기장을 씌우고,

땅속 깊숙이 구덩이를 파서 야자잎을 엮어 울타리를 친

썩 괜찮은 화장실도 만들었다.

따로 욕실도 마련했다.

캠프가 완성되자, 제인은 국립공원을 한 바퀴 돌아보려고 길
을 나섰다.


곰베 국립공원에는 대략 15개 정도의 계곡이 있다.

여기에는 침팬지, 아누비스개코원숭이, 갈라고원숭이, 뱀,

사향고양이, 표범, 부시벅, 멧돼지, 하마 등이 산다.

이곳은 야생 동물에는 천국이었지만,
사람에게는 몹시 위험한 곳이었다.
그러나 제인에게 이곳은 천국이었다.
제인은 숲을 걸어 계곡을 지나 산등성이에 올랐고,
곰베 밀림이 한눈에 들어왔다.

'여기가 내가 있을 곳이야.'

제인은 어떤 삶이 펼쳐질 것인지 잔뜩 기대에 부풀었다.
벌써 침팬지를 만날 기대에 가슴이 설레었고,
거대한 도전 앞에 선 기분이었다.
그렇지만 내면의 두려움도 불쑥 밀려왔다.

'아, 그런데 청바지를 입은 여자애가
여기서 뭘 할 수 있을까?'

어지간해서는 침팬지를 찾기 어려웠다.

아침부터 밤까지 침팬지들을 찾아다녔지만,

하루에 한 마리도 보지 못하는 경우가 허다했다.

제인의 현장 연구 기간은 4개월이다.

그런데 침팬지들은 이런 스케줄을 전혀 고려하지 않았다.

운이 좋아 침팬지를 만나도 혼비백산하여 달아나 버렸다.

그러다 보니 제인은 이번 프로젝트는

성공할 기미가 보이지 않는다며 낙담하기에 이르렀다.

게다가 혼자서 마음대로 숲을 누비지도 못했다.

국립공원 측에서는 위험하니,

국립공원 가이드 아돌프와 현장 짐꾼 리디시를
항시 동반하라고 지시했기 때문이다.

문제는 두 사람이 느려 터진 것이다.
그들은 약속한 시간에 나타나는 법이 없었다.
이것은 아프리카 사람들 특유의 느긋함일 수도 있겠지만,
10분이라도 더 침팬지를 관찰하고 싶은
열정으로 똘똘 뭉친 제인에게는
참을 수 없는 답답함이었다.
또 아돌프와 리디시는 제인의 속도에 맞추지 못해
낙오하기 일쑤였다.
그럴 때면 제인은 모른 척하며 앞으로 나아갔다.
그래도 리디시는 국립공원 지름길을 잘 알았고
침팬지도 꽤 잘 찾아냈다.

침팬지들은 점차 제인의 존재를 인식하기 시작했다.
제인은 최대한 침팬지들이
자기가 이 숲에 사는 생명체로 여기도록 행동했다.
자기 자신을 마구 긁어대고 두 손으로 땅을 파
벌레를 찾아 먹는 시늉을 하기도 했다.

또 그들에게 별 관심이 없다는 듯이 무심하게 행동했다.

그러자 반대로 침팬지들이

제인을 빤히 쳐다보는 일이 잦아졌다.


제인은 관찰일지를 가지고 다니며

침팬지에 관한 정보는 모조리 기록했다.

비서 학교에서 배운 속기는 더할 나위 없는 조력자였다.

제인은 속기로 침팬지의 행동을 적어 내려갔다.

그들의 외모와 소리, 표정, 움직임,

서로를 대하는 태도 등을.

또 그들의 배설물을 채취해 무엇을 먹는지를 연구했고,

그 맛이 어떤지 대부분 맛을 보며  꼼꼼히 적었다.

저녁에는 관찰일지 내용을 타자했다.

제인은 현장 연구를 기록하는 방식을 몰랐기에,

모든 내용을 서술적으로, 이야기식으로 적었다.


'침팬지들의 식사 시간은 아주 짧았다.

대부분 손으로 열매를 따서 먹었지만,

가끔 입으로 따 먹을 때도 있었다.'

침팬지는 생각보다 부지런한 동물이었다.

매일 나무에 잠자리를 만들었는데,

튼튼한 두 갈래 나뭇가지에 부러진 가지들을 구부려 댔다.

참으로 신기한 잠자리였다.

어느 날 제인은 나무에 올라가서

직접 침팬지들의 집을 살펴보았다.

집은 여러 나뭇가지가 복잡하게 얽혀 있었고,

배설물은 없고 깨끗했다.


곰베 주변 마을 사람들은 젊은 백인 여성이

곰베 밀림에 들어와 있는 것이 심히 못마땅했다.

밴은 마을 사람들의 환심을 사야겠다는 생각이 앞섰다.

그들이 방해한다면 딸아이의 프로젝트 성공은 미지수였다.

밴은 미리 준비해 온 약으로 마을에 진료소를 차려

사람들의 상처를 치료하고 약을 주며 그들과 친해졌다.

밴 덕분에 마을 사람들은 제인을 호의적으로 대했다.


곰베 밀림에 온 지 거의 한 달가량 되었을 때인

1960년 8월 16일, 제인은 밀림 가파른 곳에 앉아 있었다.

그때 침팬지 한 마리가 10미터 앞으로 접근해 왔다.

제인은 가만히 앉아서 그 장면을 적었다.

'내 방향으로 잘생긴 수컷 침팬지 한 마리가 왔다.
흰 수염이 났고 얼굴은 옅은 색이었으며
새까만 털은 윤기가 반지르르했다.
순간 날 보고 깜짝 놀란 표정을 지으며 멈춰 섰다.'

언젠가부터 이 흰 턱수염 수컷 침팬지가 캠프에 내려와서
제인이 먹으려고 놓아둔 바나나를 가져가곤 했다.
제인은 이 수컷 침팬지에
'데이비드 그레이비어드'라는 이름을 지어 주었다.
이후로 데이비드는 툭하면
제인의 캠프를 찾아와서 바나나를 훔쳤고,
한 번은 제인이 내민 바나나를 받아 갔다.
제인은 흥분을 감출 수 없어 이날 뜬눈으로 밤을 지새웠다.

이날 이후로 데이비드는 숲에서 제인과 마주치면
피하지 않고 오히려 다가와서
몸에 바나나를 숨기지 않았는지 살폈다.
이 모습을 본 다른 침팬지들도.

제인이 위험한 존재가 아니라고 인식하기 시작했다.

어느 정도 침팬지들을
개별적으로 구별하기 시작한 제인은
그들에게 데이비드처럼 이름을 붙여 주었다.
못생긴 암컷은 소피아, 아들은 소포클레스,
주먹코에 우툴두툴한 귀를 가진 암컷은 플로,
플로 옆의 어린 수컷은 아들 피건, 더 어린 암컷은 딸 피피,
턱수염에 회색빛 털 수컷은 클라우드,
늙은 대머리 암컷은 애니 등등.

침팬지를 관찰하면서 제인은 그들이 인간처럼
감정이 있다는 생각이 들었다.
당시 감정은 오직 인간만의 영역이었다.
또 침팬지는 초식동물이고
당연히 도구는 이용할 줄 모르는 것으로 알려져 있다.
만일 이들이 육식을 하고, 감정이 있고,
도구를 사용한다는 것이 밝혀진다면,
이것은 과학계의 고정 관념을 깨부수는
거센 폭풍이 될 것이다.

이제껏 도구를 이용하는 동물은 없었다.


이제 제인은 어느 정도 곰베 밀림에 익숙해졌고,
침팬지들이 다니는 길도 알았다.
그러던 10월 30일, 숲을 돌다가 침팬지 세 마리가
날카로운 소리를 내며 분홍색으로 보이는
뭔가를 들어 올리는 것을 보았다.
살금살금 더 가까이 가 보니 분명히 고기였다.
침팬지들은 서로 친분을 나누며 그 고기를 나누어 먹었다.
그것도 아주 맛있게.
알려진 것과는 다르게 침팬지는 육식도 한다.
짜릿한 순간이었다.


이후로 제인은 침팬지들이
다른 동물들을 사냥해서 먹는 것을 심심찮게 목격했다.
이 정도 관찰이면 침팬지가 육식을 한다는 것은
의심할 여지가 없었다.
제인은 이 사실을 리키 박사에게 알렸고,
박사는 흥분을 감추지 못했으며,
제인이 생각보다 일을 잘 해내고 있는 것에 흡족했다.

그리고 침팬지의 육식을 확인하고 사흘 뒤인
11월 4일, 4개월 연구가 막바지에 다다를 즈음,
제인이 숲속을 힘겹게 걷고 있는데,
6미터 정도 떨어진 거리의 수컷 침팬지가 눈에 들어왔다.
제인은 재빨리 그의 행동을 지켜보았다.


  '흰 턱수염 침팬지가 왼손에 풀줄기를 들고
  개미굴 속으로 밀어 넣었다 뺐다.
  그러자 풀줄기에 흰개미가 잔뜩 묻어 나왔다.
  데이비드는 입으로 줄기를 쭉 훑어서 흰개미를 먹었다.
  풀줄기가 꺾이자, 다른 줄기를 주워 잎을 떼어내고,
  다시 개미굴 속으로 집어넣었다.'


아, 역사적인 순간이다.
온몸에 소름이 돋아났다.
그리고 자세히 보니,
그 흰 턱수염 침팬지는 바로 데이비드 그레이비어드 아닌가.
침팬지가 도구를 사용하다니!
누가 이 사실을 믿을까?
리키 박사의 추측대로 침팬지는 여러모로 인간과 비슷했다.

그 뒤로 또 다른 개미 사냥을 관찰할 수 있을 거란 기대로
제인은 개미굴 근처에서 밤을 새웠다.
이에 대한 보상으로 8일째 되는 날,
데이비드와 다른 침팬지가 두 시간 동안이나
개미 사냥을 하는 장면을 목격했다.
감동적인 장면이 아닐 수 없었다.
그 뒤로 제인은 침팬지들이 나뭇가지로 열매를 쳐서
땅에 떨어진 열매를 주워 먹거나
돌멩이로 견과류를 으깨어 먹는 것을 관찰했다.


당시 과학자는 도구는 인간만이 사용한다고 생각했다.
그런데 침팬지의 도구 사용이 확인된 것이다.
이것은 파장을 불러일으킬 것이 뻔했다.
제인은 얼른 이 사실을 리키 박사에게 알렸고,
박사는 인간의 정의를 다시 해야 한다며
흥분을 가라앉힐 기미를 보이지 않았다.
리키 박사는 제인의 실력에 또 한 번 감탄했다.
그리고 제인의 자격을 놓고 주저했던 것을 후회했다.
리키 박사는 제인의 연구 기간을 1년 더 늘려 주었다.
그러자 제인은 더는 시간에 쫓기지 않아도 되었다.

이제 데이비드 그레이비어드는

제인을 친구로 여기는 듯했다.

우연히 맞닥뜨렸을 때 제인이 바닥에 앉자 따라서 앉았다.

제인은 데이비드뿐만이 아니라

다른 침팬지들과도 자연스러워졌다.


곰베 연구를 시작한 지 7개월 정도 지나자,

침팬지들이 캠프의 야자수 나무에 와서

열매도 따 먹고 놀다가 갔다.

데이비드도 와서 야자수 나무에서 놀다가 갔다.

텐트에서 이 모습을 지켜본 제인은 입이 다물어지지 않았다.

마치 그들이 식구 같았다.

텐트에서 침팬지들을 볼 수 있다니!


리키 박사는 연구비를 추가로 지원받아 제인에게 보냈고,

제인에게 이번 연구를 마치고,

영국의 케임브리지대학에서 박사 과정을 밟으라고 권했다.

제인의 이 놀라운 연구는 박사 학위를 따기에 충분했다.

또 장기적인 연구비 지원을 받으려면

학위가 필요한 것은 인정해야 했다.

제인도 박사의 제안에 솔깃했다.

그래서 내년 곰베 연구가 끝나면 케임브리지대학에 가서

박사 과정을 밟고 곧바로 곰베로 돌아올 계획을 세웠다.

그럼, 결혼은 포기해야 했다.

밥을 기약 없이 기다리게 할 수는 없었다.

밥을 사랑했지만, 침팬지를 포기하고

영국으로 돌아가 평범하게 살 자신이 없었다.


제인은 밥에게 작별을 고하는 편지를 썼다.

제인의 편지를 받은 밥은 절망하고 상처가 컸지만

연인의 꿈을 지지하기로 했다.

비통함을 가슴에 안고

그는 제인의 결정을 존중한다는 답장을 보내왔다.

제인의 케임브리지대학 입학 과정은 실로 파격적이었다.

이것은 순전히 리키 박사의 실력 덕분이었다.

제인은 대학에 다니지 않아서 박사 학위를 딸 자격이 없었다.

그런데도 리키 박사는 케임브리지 교수들을 설득해서

제인의 곰베 침팬지 연구를

박사 과정을 밟을 기반으로 인정해 달라고 설득했다.

수많은 논쟁과 논의 끝에

로버트 하인드 교수가 지도 교수를 맡기로 하고,

1961년 12월, 제인의 입학이 허가되었다.

하인드 교수는 원칙주의자로 소문난 박사였는데도

제인의 싹을 보았기에, 모험을 걸기로 했다.
제인은 곱지 않은 시선으로 바라보는
케임브릿지 교수들 앞에서 그간의 연구를 브리핑했다.

"데이비드 그레이비어드는 바나나를 찾지 못하자,
실망했고, 괜히 짜증을 부렸어요…….
플로는 그날 밤에 잠자리를 만들었는데,
몹시 만족한 표정을 지었어요……."

제인 입에서 데이비드 그레이비어드, 플로 등의
이름이 나오자,
교수들은 기가 막히다는 듯이 제인을 바라보았다.

일반적으로 동물학자들은 동물 전체 종에 초점을 맞추고
그들에게서 공통된 행동을 찾아내는 연구를 진행하기에,
동물들에 숫자를 부여했다.
교수들 관점에서 제인은 전혀 기본이 되어 있지 않았다.
과학적인 용어나 규칙조차 알지 못했다.
게다가 당시 동물학자들은 동물에게 감정이 있다는
전제가 없었기 때문에 제인이 기술한

'실망했다' '짜증을 부렸다' '만족했다' 등의 표현에
할 말을 잃었다.
그들은 확인되지도 않은 사실을 마치 사실인 양 기록했고,
당연히 침팬지에게 감정이 있다고 가정해서 기록했다며
제인의 연구를 트집 잡았다.

이에 하인드 교수가 나서서 제인에게 관찰일지를
객관적이고 과학적으로 쓰는 법을 가르치기로 했다.
하인드 교수는 제인에게 과학자다운 사고를 요구하며,
제인이 쓴 관찰일지의 문제점을 일일이 지적했고,
수정을 요구했다.

그렇기에 제인은 1년 넘게 기록한 방대한 관찰일지를
과학적 형식으로 재구성하는 씨름을 하며
객관적이고 이성적으로 쓰는 법을 배웠다.
거기다 일지를 '이야기식'으로 기록하다 보니,
이 자료로는 과학적인 통계를 내기가 어려웠다.
그래서 하인드 지도 교수는 제인에게
체계적인 점검표를 따로 만드는 법도 가르쳤다.
각각의 점검표엔 일정 기간의 침팬지 개별 행동을 표시했다.

예를 들면

털 고르기나 짝지기, 먹이 섭취 등의 표를 만들었다.

점검표를 사용하자,

제인의 관찰 자료는 체계를 갖추었고,

제인만이 할 수 있던 관찰을

다른 연구원들도 함께 참여할 수 있었다.


제인은 하인드 교수와 갈등도 있었지만,

점차 과학자의 모습을 갖추기 시작했다.

그리고 침팬지 전체보다는 한 마리 한 마리

개별적으로 내보이는 독특한 행동에 집중하는

제인의 연구 방식을 받아들여서

침팬지에 숫자가 아닌 이름을 붙이는 것에 동의했다.

확실히 하인드 교수는 제인의 연구에 큰 힘을 보탰고,

제인을 지도하는 동안 곰베를 3번이나 방문했다.


하인드 교수의 지도로 제인은 1차 논문인

「야생 침팬지의 먹이 활동과 잠자리 만들기」를 가지고

1962년, 4월 12일, '동물 영장류'라는

3일간의 런던 학회에 첫 논문을 발표하러 갔다.

발표할 때 입이 바짝바짝 마르고, 다리가 벌벌 떨렸다.

이번 논문 주제는 침팬지가 육식을 한다는 것이

주된 내용이었다.

도구 사용은 아직 공식적으로 발표할 단계는 아니었기에,

1차 논문에서는 다루지 않았다.


제인의 발표에 과학자들은 흥분과 열광을 감추지 못했고,

긴장감이 역력했던 제인의 과학자 데뷔 무대였다.

제인의 존재감이 세상에 드러나는 순간이었다.

이후 예일대를 비롯한 학회 몇 군데에 참석해 발표했고,

처음으로 내셔널지오그래픽 담당자들을 만나

홍보 촬영을 했다.


제인은 7월 방학에 다시 곰베로 왔다.

6개월이나 떠나 있었는데도 침팬지들은 제인을 잊지 않았다.

제인은 그즈음 곰베를 '침프랜드'라고 부르기 시작했다.

1962년 8월 17일 아침, 제인이 눈을 떴는데,

데이비드가 침대 옆에 앉아서

바나나를 먹고 있는 것이 아닌가.

데이비드는 제인을 흘끗 보더니,

슬금슬금 텐트 밖으로 나갔다.

제인은 짜릿했다.

그날 오후 제인이 바나나를 손에 들고 서 있는데,

데이비드가 걸어와서 손에 든 바나나를 잡아채 갔다.

이럴 수가!

그러자 제인은 머리를 썼다.

캠프에 바나나를 놓아두기로 한 것이다.

침팬지들은 위험을 감수하면서도

바나나를 먹으러 내려왔다.

이것은 제인이 밀림으로 들어가는 수고를 덜어주었다.

이후로 '바나나 유인 작전'은 몇 년간 지속되었다.


내셔널지오그래픽협회의 지원금은 언제나 후했지만,

이 돈에는 곰베의 침팬지 사진과 제인의 연구를

내셔널지오그래픽 측이 제일 먼저 발표한다는

조건이 담겨 있었다.


내셔널지오그래픽은 잡지에 실을 침팬지 사진을 요구했다.

제인은 직접 사진을 찍어 보기도 하고

동생 주디를 동원해 찍기도 했지만,
내셔널지오그래픽에 제공할 품질 좋은 사진을
찍을 수는 없었다.
전문가가 필요했다.

휴고 반 라윅은 네덜란드 남작이었지만,
그는 작위를 유지할 만큼 부유하지 않아서
생활 전선에 뛰어들었다.
자연을 좋아하는 그에겐 야생을 찍는 사진작가는
완벽한 직업이었다.
당시 그는 나이로비에 있어서
단 며칠 안에 곰베로 갈 수 있었다.
이런 이유로 휴고 반 라윅이 곰베에 오게 되었다.

제인은 그와 잘 지낼 수 있을지,
낯선 그가 침팬지들을 자극할 것이 우려되었다.
그런데 휴고가 도착한 첫날,
이런 두려움은 순식간에 사라졌다.
그는 다정한 신사였고 동물을 제인만큼 사랑했다.
제인은 단번에 그에게 매력을 느꼈다.

커다란 삼발이와 카메라, 렌즈 등을 짊어진 휴고는

침팬지들의 신경을 건드리지 않으려고,

그들이 카메라 조명에 놀라지 않게 하려고

조심하고 또 조심했다.

다행히도 휴고는 제인이 그동안 침팬지와 쌓아놓은

신뢰를 아주 잘 이용해

제인과 침팬지의 모습을 생생하게 카메라에 담았고,

내셔널지오그래픽 측은 기대 이상의 만족감을 드러냈다.


제인은 '어글리'라고 부르던 침팬지에 '휴고'라는

새 이름을 지어 주었다.

실제로 그렇게 못생기지도 않았고,

어글리가 나무 기둥에 등을 비빌 때

휴고가 집중할 때 짓는 표정과

닮았다고 해서 붙인 이름이다.


침팬지는 무리 생활을 하는데,

제인은 함께 무리 지어 있는 침팬지들의 관계가 궁금했다.


　'그들의 관계는 가족일까? 친구일까?'

'가족이라면, 어미와 아비, 새끼들의 관계는
인간과 비슷할까?'


호기심을 참을 수 없던 제인은
침팬지의 가족·친구 관계를 관찰하기 시작했다.
암컷 대장 플로가 있고,
피건은 여섯 살 정도인데, 플로의 아들인 것 같다.
피피는 플로의 딸로, 세 살쯤 되었다.
암컷 올리에겐 딸 질카와
여덟 살가량의 아들 에버드가 있다.


이렇게 제인은 몇 년간에 걸쳐서
침팬지들의 가족 관계를 알아내고 정리했다.
그런데 침팬지의 가족 관계를 알아내기가
여간 어려운 것이 아니었다.
인간처럼 침팬지들도 못된 부모가 있어서,
자식을 돌보지 않기도 하고,
적처럼 싸우기도 해서.
그들이 가족인지 아닌지를 분간하기가 어려웠다.

또 짝짓기 시기 침팬지들의 행동을 관찰했고,
데이비드와 골리앗이 유별나리만큼
친밀하게 지낸다는 사실도 알아냈다.
둘은 함께 놀고 돌보고 보호하며 서로 도움을 주었다.
제인과 휴고는 몇 시간씩 함께 관찰하며 사진을 찍었고,
이런 과정에서 두 사람은 나날이 가까워졌다.

당시 휴고는 제인을 몹시 사랑했다.
그렇기에 그는 곰베를 떠날 생각도 하지 않았다.
제인 역시 그와 함께하니 침팬지 연구가 더 신이 났다.
둘이서 침팬지 얘기를 할 때면 환상 속을 걷는 기분이었다.

1963년 〈내셔널지오그래픽〉 8월호에
제인의 연구가 휴고의 사진과 함께 특집으로 실렸다.
대중의 관심이 제인에게 집중되었다.
금발의 아름다운 여성과 침팬지 이야기는
대중의 관심을 유혹하기에 충분했다.

난생처음 팬레터를 받으며
세상의 관심을 받은 제인은 낯설어 어리둥절했다.

'코닝'이라는 여성은 조수로 일하고 싶다는 편지를 보내왔고,
어느 고위 공무원은 제인의 기사가 무척 인상적이어서
가죽으로 장정해서 보관한다고 했다.
20대 여성이 곰베 국립공원에 캠프를 치고 밀림을 누비며
침팬지와 함께한다는 뉴스는
일파만파로 세상에 퍼져 나갔다.


대중은 '바나나 유인 작전'에 호기심이 많았다.
비판적인 시각도 만만치 않았다.
제인이 인위적인 바나나 공급으로
야생 침팬지를 길들이고 있다고 했다.
그러나 곰베 밀림에는 열매가 풍부해서
굳이 침팬지들이 먹잇감을 찾아서
캠프로 내려올 이유는 없다는 의견과도 팽팽히 맞섰다.


어느 날, 제인은 혼자서 캠프 주변을 두리번거리던
데이비드가 카세케라 계곡으로 향하는 것을 보았다.
한참을 가던 데이비드가 바닥에 앉았다.
제인도 옆에 앉아 나뭇잎을 먹는 시늉을 했다.
그때 바닥에 데이비드가 좋아하는 야자수 열매가 보였다.

제인은 친해지고 싶은 마음에 얼른 열매를 주워
손바닥에 올려서 데이비드에게 내밀었다.
한동안 뜸을 들이던 그는 불쑥 손을 뻗어
열매를 툭 쳐서 땅바닥에 떨어뜨렸다.
그러고는 제인의 손가락을 잡고 흔들었다.
순간 데이비드의 체온이 전해졌다.
참으로 따뜻했다.

나중에 알았는데,
침팬지가 손을 잡고 흔드는 행동은
친밀감과 신뢰를 나타내는 것이었다.
당시 데이비드는 열매는 먹고 싶지 않았지만,
제인의 호의는 고마웠던 것이다.
이것이 감정이 아니고 무엇이란 말인가?
이날 제인은 가슴 속 저 밑바닥에서
밀려오는 뜨거움을 느꼈다.

제인은 다시 케임브리지로 가서

논문을 완성해 학위를 받아야 했다.

그러나 가지 않으려고 온갖 핑계를 갖다 대었다.

제인은 휴고와 사랑에 빠졌고,

곰베를 떠나고 싶지도 않았다.

박사 학위 포기를 고민하는데, 리키 박사가 반대하고 나섰다.

박사 학위 없이는 제인이 원하는 걸

성취할 수 없을 거라며 제인을 설득했고,

하인드 지도 교수에게도

제인의 일정을 조정해 달라고 요청했다.

하인드 교수도 제인의 박사 과정 포기를 원치 않았기에,
제인이 케임브리지에 와서 2개월만 출석하고
침프랜드로 돌아갔다가
다음 해 2학기에 다시 와서
논문을 완성하라는 제안을 해 왔다.

1963년 12월 15일, 제인은 휴고와 함께 곰베를 떠나
나이로비로 갔다.
그곳에서 다시 제인은 케임브리지로 향했고
휴고는 사파리 여행을 시작했다.
휴고는 제인이 그립고 또 그리웠다.
그리고 크리스마스를 제인과 함께하지 못하는 것이
못내 아쉬웠다.
12월 26일 제인에게 휴고로부터 전보가 한 통 날아왔다.

　'나랑 결혼할래?
　사랑하는 휴고가.'

프러포즈 전보를 받은 제인은
휴고가 보고 싶어 당장 케냐로 날아가고 싶었다.

그리고 즉시 답장 전보를 보냈다.


'좋아.

사랑하는 제인이.'


서른 살 제인은 1964년 3월 28일,

영국에서 휴고와 결혼했다.

두 사람의 결혼식장은 조금 남달랐다.

휴고가 찍은 데이비드와 골리앗, 플로, 피피의

거대 컬러 사진이 내걸렸고,

웨딩케이크 위에는 점토로 만든

귀여운 데이비드가 올라가 있었다.


리키 박사는 축하의 말이 담긴 녹음테이프를 보내왔다.

그리고 결혼 파티장에 전보 한 통이 도착했는데,

제인이 또 내셔널지오그래픽협회에서 수여하는

프랭클린 L. 버 상을 받게 되었다는 내용이었다.

상금은 2,000달러였다.

이 소식과 함께 제인은 수많은 축하 인사를 받으며

화려하고 찬란한 결혼의 세계로 입장했다.

신혼여행 중에 곰베에서 소식이 날아왔다.

플로가 새끼를 낳았다는 것이다.

제인은 가슴이 두근두근했고,

두 사람은 신혼여행이고 뭐고 당장 곰베로 향했다.

비행기에서 제인은 갓 태어난 새끼가 궁금해서

조바심으로 발을 동동 굴렀고,

몇 번이고 휴고는 제인의 손을 꼭 잡아 진정시켰다.


곰베를 떠나기 전에 제인은 플로의 임신을 예상했다.

플로는 곰베에서 가장 못생긴 암컷인데,

당시 수컷들이 플로에 홀딱 빠져 있었다.

3년 전 딸 피피를 낳은 이후로

플로는 처음으로 생식기가 부풀어 오르면서

발정기에 접어들었다.

후끈 달아오른 침팬지 휴고와 골리앗, 데이비드, 험프리,

찰리, 마이크 등이 플로와 짝짓기를 하려고 줄을 서서

춤추기나 팔 휘젓기 등으로 구애했다.


어린 피피는 어미 곁에 수컷들이 오는 것이 싫어서

수시로 짝짓기를 방해하고 나섰다.

그러면 플로는 짜증을 마구 부렸다.


첫 출생을 놓친 것이 제인은 두고두고 서운했다.

직접 보니 그 아쉬움이 한층 더했다.

갓 태어난 플로의 아들은 플린트라는 이름을 받았다.


플린트는 태어난 지 3개월쯤 되자,

아랫니와 윗니가 나기 시작했고,

걸음마도 뗐다.

놀기 좋아하는 플로는 너그러운 성격으로 플린트를

톡톡 다독여 주고 꼭 감싸 주었다.

누나인 피피도 육아에 힘을 보탰다.

플린트의 탄생과 더불어 플로의 가족은

제인의 연구 중심으로 들어왔다.


플린트를 시작으로 침프랜드에

대여섯 마리 새끼가 더 태어났다.

출산이 처음인 암컷들은 스스로 난감하고 당황해했다.

그들은 태어난 새끼를 어찌해야 할지 몰라서

젖도 물리지 않고,


93

그대로 방치하기도 했다.

이런 경우 새끼는 다른 침팬지들의 표적이 되어

죽임을 당했다.

침팬지의 육아는 인간의 육아와 비슷한 점이 많았다.

처음엔 데이비드만 와서 바나나를 가져갔는데,

점점 다른 침팬지들이 따라서 내려왔다.

이것은 문제를 일으켰다.

그들은 서로 바나나를 차지하겠다며 몸싸움을 벌였고

그 과정에서 캠프가 심하게 망가졌다.

또 침팬지들은 텐트에 들어와서 이불이나 옷가지를 찢었고

의자를 부숴놓았다.

더 심각한 것은 마을까지 내려가서

사람들에게 피해를 주었다.

바나나 상자를 조금 먼 곳으로 옮길 필요가 있었다.

제인과 휴고는 바나나 상자를 숲으로 옮기고
그 대신 여러 대를 더 설치했다.
문제는 침팬지들이 이사한 집을 몰라서
자꾸 캠프 근처를 맴돌았다.


어느 이른 아침, 이번에도 제인은
새집에 바나나를 놓고는 침팬지들이 오기를 기다렸다.
그러나 침팬지들은 캠프에서 바나나를 찾아 맴돌았다.
퍼뜩 아이디어가 떠오른 휴고는
바나나 하나를 집어 들고는
주위에 있던 데이비드에게 흔들어 보였다.
데이비드가 관심을 보이자,
휴고는 냅다 새 상자가 있는 곳으로 달렸다.
그러자 데이비드와 다른 침팬지들이 휴고를 쫓았다.
휴고는 손에 든 소형 무전기로
헉헉거리며 제인에게 외쳤다.


　　"제인, 바나나를 사방에 뿌려놔, 얼른!"


제인은 영문을 알지 못했지만, 그의 말을 따랐다.

곧 휴고를 쫓아온 침팬지들은

바닥에 널린 바나나를 보고는 흥분해서

온통 비명을 지르며 바나나 파티를 만끽했다.


새 바나나 캠프 덕분에

침팬지들이 더는 마을로 내려가지 않았고,

제인과 휴고는 아무 방해도 받지 않고

신혼을 즐길 수 있었다.


제인은 침팬지를 관찰하면서 동시에 노트에 적다 보니

놓치는 것이 많았다.

해결책을 찾다가 어렵사리 소형 녹음기를 샀다.

덕분에 눈을 떼지 않고도 침팬지를 관찰할 수 있었고,

더 세밀하게 침팬지들을 살필 수 있었다.

그런데 녹음 내용이 산처럼 많아서

혼자서 타자는 무리였다.

조수가 필요했다.

일전에 〈내셔널지오그래픽〉에 실린 기사를 보고

조수로 써 달라는 간곡한 편지를 보낸

페루 출신 여성 에드나 코닝이 떠올랐다.

그때 코닝의 편지는 맞춤법이 완벽했었다.

미국 리드대학에서 심리학을 전공한 코닝이

곰베로 와서 타자하는 일을 맡자,

제인은 그동안 혼자서 녹음한 것을 받아쓰느라

보낸 시간을 절약했고,

연구에 더 집중할 수 있었다.


제인의 곰베 침팬지 연구에 박차를 가할 소식이 들려왔다.

리키 박사의 노력으로 내셔널지오그래픽협회가

곰베 연구를 영구히 지원하기로 한 것이다.

이에 대한 대가로 제인은 협회 측에

연구 과정이나 연구 결과를 우선 공개해야 했고

여러 가지 협조를 해야만 했다.

가장 먼저 내셔널지오그래픽에서 방영할

다큐멘터리를 촬영해야 했다.

TV 영상 촬영이 어색하면서도 흥미로웠던

제인은 3주간 카메라 앞에서 큐 사인에 맞추어

자세를 취하고 같은 행동을 반복하며 촬영했다.


사실 이 영상 촬영은 휴고가 제안한 것이었다.

이제껏 침프랜드는 자신이 촬영한 사진으로만
세상에 알려졌다.
휴고는 침프랜드 영상이 역사상
가장 아름다운 동물 다큐멘터리가 될 것이라고 예견했다.
당시 다큐멘터리는 '따분하고 지루한 것'으로 알려졌는데,
이 영상을 시작으로 다큐멘터리 선입견이 바뀌었다.

포니테일을 한 반바지를 입은 제인과 침팬지들 영상이
TV를 통해서 방영되자,
일순간에 제인은 스타로 등극했다.
누가 뭐래도 스크린 속 제인은 매력적이었다.
마법과도 같은 미디어 기능을 통해
침팬지는 대중에게 친숙하게 다가갔고,
스릴만점의 짜릿함을 선사했다.
이 다큐멘터리 방송으로 제인은
역사상 가장 대중과 가까운
여성 과학자로 꼽히는 영광을 누렸다.

제인의 영상에 만족한 내셔널지오그래픽협회는
아낌없이 곰베를 지원했고,

제인은 그 지원금으로 곰베에 연구소를 지었다.

1965년 2월 중순, 바나나 캠프에서

800미터 떨어진 거리에

조립식 건물 두 채를 지었다.

큰 건물은 본관으로 커다란 작업실과

자그마한 기숙사 두 채로 구성된 '팬 팰리스'다.

이 이름은 침팬지 학명 '팬 트롤로다이트'를 따서 붙였다.

작은 건물은 제인과 휴고가 지낼 '라윅 하우스'다.

연구소 이름은 '곰베 스트림 연구소'라고 붙였고

현지 직원과 연구원도 더 채용했다.

그리고 연구를 개코원숭이까지 넓혔다.


제인은 꿈을 향해 한 걸음씩 나아가고 있었고,

박사 학위는 꿈을 향해 나아가는

단단한 발판과 기본이 되어줄 터이니 더는 미룰 수 없었다.

1965년 4월, 제인은 연구소를 직원에게 맡기고

케임브리지로 향했다.

휴고도 내셔널지오그래픽에서 출간하는

동아프리카 동물을 주제로 한 책에 실을 사진을 찍으러

나이로비로 갔다.

휴고는 잠시 짬을 내어 제인을 만나러 영국에 갔다.
제인은 학회 참여 준비 중이었는데,
연구 발표 준비로 몹시 마른 아내를 보니 마음이 쓰였다.
제인은 '침팬지의 도구 사용과 그들의 감정'을 주제로
중요한 연구 발표를 앞두고 있어서
무척 예민한 상태였다.
그래서 휴고는 학회가 열리는 오스트리아까지
제인과 동행했다.

오스트리아에 도착한 제인은
이제 제법 과학계에 이름이 알려졌고,
스타 과학자였기에,
참석한 다른 과학자들과 동등한 동료로 대우받았다.
이런 대우에 제인은 몹시 고조되었다.
그러는 동안 휴고는 소외되었다.

당시 제인은 남편을 신경 쓸 겨를이 없었다.
두 사람은 이 문제로 다퉜고,
분위기는 싸늘해졌다.
발표를 성공적으로 마친 제인은

이제 진짜로 동물과 인간의 역사를
다시 정의해야 한다는 평을 받았고,
아무도 제인의 연구에 의구심을 갖지 않았다.
큰 산을 넘은 제인은 케임브리지로 가서
논문을 마무리 지었고,
휴고는 나이로비로 향했다.

해가 바뀌어 1966년 2월 9일,
제인은 박사 학위 면접을 보고,
초조하게 결과를 기다렸다.
담당 교수인 하인드 박사가 나타났고,
제인은 일어섰다.

　"결과가 어떤가요?"

　"통과했네. 당연한 결과 아닌가?"

　"전혀요. 그렇지만 바라긴 했어요!"

다음날 제인은 리키 박사에게 전보를 보냈다.

　"몹시 유쾌한 여행이었어요. 제인 구달 박사가."

'동물학 박사'라는 학위를 딴 제인은

2월 13일에 미국으로 날아가 순회강연의 첫발을 디뎠다.

첫 강연은 컨스티튜션 홀에서 열렸는데,

3,500석이나 가득 메운 거대한 학회였고,

침팬지 강연은 힘찬 응원의 박수를 받았다.


휴고와 밴도 초대를 받아 참석했고,

휴고는 일정 내내 제인과 함께했다.

제인은 강연을 마치고

후원자인 내셔널지오그래픽협회 본부를 방문했다.

협회 측과 지원금 관련 회의도 처음 해 보았다.

지금까지는 리키 박사가 이 일을 도맡아 했지만,

이제부터는 자기 일이라는 생각이 들었다.

언제까지 리키 박사 뒤에 숨어 있을 수만은 없었다.

학위는 대우받고 권리도 누리지만,

항상 책임이 뒤따른다는 것을 제인은 누구보다도 잘 알았다.

어린 침팬지들은 어찌나 영특하던지,

결국 바나나 통을 여는 법을 알아내고 말았다.

나이 든 침팬지들은 꾀를 부릴 줄 몰라서

어린 것들이 바나나를 훔쳐 오면 함께 나누어 먹었다.

그러나 어린 침팬지들이

늘 바나나를 나누어 주지는 않았다.

더러는 어른 침팬지들이 자리 뜨기를 기다렸다가

레버를 눌러 바나나 통을 여는 약삭빠른 짓을 하기도 했다.

결과적으로 어린 침팬지들은

바나나 통 주변을 수시로 맴돌며 호시탐탐 바나나를 노렸다.

잠금 고리 대신 마개로 대체했지만,

몇 달도 못 가서 마개를 여는 방법마저 터득했다.

제인은 어이가 없기도, 그 행동이 기특하기도 했지만,

시스템을 새롭게 바꾸어야 할 때가 되었음을 감지했다.

제인은 바나나 통 잠금을 전기 장치로 바꾸었고,

기숙사에서 버튼을 눌러야만 열리게 해,

침팬지들이 더는 바나나 통을 열지 못하게 했다.


바나나 통 문제가 해결되자,

제인은 내셔널지오그래픽에서 제안한

침프랜드 생활을 주제로 한 책을 쓰는 데 집중해,

1967년 『내 친구 야생 침팬지들』이 출간되었다.

그러자 여러 출판사가 엄청난 금액을 제시하며

또다시 책을 출간하자는 제안을 해 왔다.

그러자 제인이 협회의 승인을 받아야

서적을 출간할 수 있다는 조항에 서명한 터라,

이것은 현실적으로 불가능했다.

제인은 언젠가는 자유롭게 책을 출간할 날이

오리라는 희망을 품었다.

그래서 『인간의 그늘에서In the Shadow of Man』라는 제목까지 정해 놓고 원고를 준비했다.
그러나 제인이 이 책을 세상에 내놓기까지는
한참을 기다려야 했다.


침팬지 올리가 새끼를 낳았다.
그런데 태어나자마자 목이 마비되어
고통스러운 비명을 질렀다.
어미가 갓 낳은 새끼를 데리고 나무로 올라갔다가
잠시 뒤에 내려왔다.
새끼는 움직임이 없었다.


11월에 올리의 딸 질카의 허리가 마비되었다.
또 플로의 큰아들로 추정된 파벤과 암컷 마담 비가
팔에 마비 증세를 보였다.
다른 침팬지들에게도 같은 증세가 나타났다.
밀림 여기저기서 침팬지들이
발이나 손을 질질 끌면서 돌아다녔다.
올리도 다리를 절었고,
데이비드마저도 다리를 절었다.
인간의 소아마비가 침프랜드를 덮쳤고,

제인은 침프랜드에서 가장 끔찍한 광경을 목격했다.

　"속이 울렁거렸어요.
　침팬지 페페가 잔뜩 웅크리고는 앉은뱅이로 돌아다녔어요.
　엉덩이가 간신히 땅에서 떨어졌고,
　구부러진 다리로 뒤뚱거리며 걸었어요.
　어찌나 끔찍하던지요."

소아마비 바이러스는
이미 곰베 주변 마을 주민 사이에 퍼져 있었는데,
침팬지들이 마을에서 버린 음식을 주워 먹고
바이러스에 감염된 것 같았다.

제인과 휴고는 이 사실을 리키 박사에게 알리고
소아마비 백신을 보내 달라고 청했다.
곰베 주민들부터 예방접종을 받았고,
침팬지들에게도 처방이 시작되었다.
바나나에 백신을 삽입하기로 했다.
제인은 어느 침팬지가 백신 바나나를 먹었는지,
복용량은 얼마나 되는지 등

백신 투여 과정을 도표로 만들었고,
그들의 상태를 상세히 관찰했다.


달걀을 좋아한 수컷 침팬지 맥그리거는
성격이 거칠어 피터 래빗에 나오는
늙은 정원사를 연상시켰다.
그래서 그 이름을 따왔다.
그런데 맥그리거도 소아마비에 걸려서
두 다리가 마비되었다.
제인과 휴고는 먹이도 갖다주고
징글맞게 꼬이는 파리도 쫓아주었다.
그러나 덩치 큰 수컷 침팬지들이
그를 호시탐탐 노리며 위협했다.
애처로운 상황이었다.


험프리는 맥그리거와 단짝 친구였다.
그래서 제인은 그들이 형제라고 추측했다.
험프리는 맥그리거를 위협하는 침팬지들과 맞서 싸우며
매일 밤 맥그리거 옆에서 잠을 잤다.
그런 험프리의 노력에도 맥그리거가 회복할 거라는

실낱같은 희망마저도 사라졌다.

맥그리거의 고통을 보다 못한 제인과 휴고는

그를 안락사하기로 정했다.


"나는 달걀을, 휴고는 총을 들고 맥그리거에게 갔어요.

힘없이 누워 있던 그는 묵묵히 달걀을 받아먹었어요.

맥그리거의 등 뒤로 휴고가 기서 섰고,

총알이 그의 비참한 생을 마감시켰어요.

죽은 것이 아니라, 잠이 든 것처럼 누워 있었죠."


참으로 무기력한 나날이었다.

악몽과도 같은 나날이 이어졌지만,

끝내 전염병은 수그러들었다.

이 사태로 제인은 침팬지가 인간이 가진 모든 전염병에

취약하다는 사실을 깨달았다.

침팬지가 인간과 가까운 것은 위험했다.

제인은 전염병 사태로 녹초가 되었다.

게다가 임신 7개월이라서 심신은 고단하고 녹아내렸다.

휴고는 임신한 아내가 전염병과 사투를 벌이는 모습이

몹시 가련했다.

1967년 3월 4일 새벽 두 시경 제인의 진통이 시작되었고,
오전 9시 45분에 아들을 낳았다.
간호사는 휴고에게 진통이 훨씬 더 오래갈 테니
잠 좀 자고 오라고 권했다.
그 바람에 그는 아기의 탄생을 놓치는 아쉬움을 남겼다.

휴고의 반 라윅 가문은 전통적으로
첫아들에게 휴고라는 이름을 주었다.
제인은 아들에게 에릭 삼촌과
리키 박사의 이름을 붙이고 싶었다.
그래서 아기는 '휴고 에릭 루이스 반 라윅'이라는
긴 이름이 생겼다.

아기를 돌보는 일은 상상했던 것과 비슷했다.
리틀 휴고는 시도 때도 없이 우는가 하면
언제 그랬냐는 듯 방긋방긋 웃으며 평화롭게 잠들었다.
제인은 남편과 헷갈리지 않으려고
아들을 '그럽'이라고 불렀다.
사방이 야생 동물 천지인 곰베에서
아기를 키우는 일은 위험했다.

그럽이 아장아장 걷기 시작하자,

제인과 휴고는 해변에 집을 지어 이사했다.

제인은 그럽을 키우는 데 유독 플로의 영향을 많이 받았다.

제인은 애정이 넘치고 참을성이 많은 플로가

어떻게 새끼들을 돌보는지,

어떻길래 플로의 새끼들이 유독

어른들과 좋은 관계를 유지하고

무리에 성공적으로 적응하는지를 유심히 살폈다.

패션은 새끼를 가혹하게 대하며 잘 돌봐주지 않았다.

패션의 새끼들은 늘 긴장하고

주변 어른들과도 불편하게 지냈다.


제인은 그럽을 키우면서 이 본보기를 마음에 새겼다.

침팬지의 양육법 관찰이 제인이 좋은 엄마가 되는 데

큰 도움이 되었다는 건 두말할 나위가 없었다.


명성이 자자해진 곰베 연구소에

새로운 연구원들이 속속 도착했다.

침팬지 연구원 패트릭 몰맨과 게라 텔레키, 루스 데이비스,

개코원숭이 연구원 랜섬 부부 등이었다.

이제 침팬지 연구는 곰베에서만 이루어지는 것이 아니라,

아프리카 전역에서 진행되고 있었다.

제인 덕분에 침팬지뿐만이 아니라,

야생 동물 전반에 걸친 대대적인 연구가 이루어졌다.

앞으로 제인과 큰 인연을 맺게 될 탄자니아 농무부 장관

데릭 브라이슨도 침프랜드를 찾았다.

하루하루 활력이 넘치고 긴장의 연속인 나날이었다.


침프랜드는 언제나 사고 위험을 내포하고 있었다.

1968년 초, 독감이 곰베를 휩쓸었다.

제인과 휴고는 당시 그곳에 없었는데,

거의 매일 연락을 취하며 상황을 점검했다.

그러던 어느 날, 데이비드 그레이비어드가

독감에 걸려 죽었다.

이 소식을 들은 제인은 참담했다.

데이비드는 제인이 가까이 다가가는 것을 처음 허락했고,

감정을 교류한 첫 침팬지였다.

또 육식을 하는 것도, 도구를 쓰는 것도

처음으로 보여 준 침팬지였다.

제인에게 데이비드는 최초의 침팬지 대명사로,

영원히 잊지 못할 존재였다.

그런 데이비드를 잃은 제인은 한동안 상실감에서

헤어 나오지 못했고,

더군다나 자신이 곰베에 없을 때

데이비드를 보낸 것이 더욱더 슬펐다.

세상을 떠난 데이비드는 타임지가 뽑은

'세상에서 가장 영향력 있는 동물 15'에 선정되는 등,

역사상 아주 중요한 동물 반열에 올랐다.


1969년 7월 13일에 불어닥친 시련은 최악이었다.

루스 데이비스는 푸른 눈에 긴 머리가 인상적이었다.

연구원 루스는 급속도로 침팬지에게 마음을 빼앗겼고,

곰베를 몹시 사랑했다.

너무 열정적으로 침팬지들을 따라다니다가

길을 잃어 기절한 적도 있었다.

루스는 유난히 침팬지 마이크와 휴를 사랑했다.

어느 날 루스는 마이크를 관찰 중이었는데,

그날 밤 숙소로 돌아오지 않았다.

제인은 놀라서 경찰과 헬기를 동원하여 수색을 시작했다.

마을 사람들도 힘을 보탰지만, 찾지 못했다.

결국 일주일이 지나서 연구소에서 남쪽으로 꽤 떨어진

카하마 계곡 폭포 밑에서 시신으로 발견되었다.

시신 옆에는 루스의 녹음기가 있었는데,

마이크를 따라가다가 놓쳐서 그만 돌아갈 작정이라고 했다.

아마도 위에서 발을 헛디뎌 폭포 밑으로 떨어진 것 같았다.

소식을 들은 루스의 부모가 곰베로 날아왔고,

그들은 딸아이가 그토록 사랑한 곰베에

딸아이를 묻기로 했다.

루스의 어머니는 딸아이를 묻으며 말했다.


"침팬지들이 이곳을 방문하러 오기를 기원합니다."


그리하여 루스는 호수가 한눈에 보이는 곳에 묻혔다.

데이비드 그레이비어드가 죽고 마이크가 우두머리가 되었다.

그러나 마이크도 점점 나이가 들면서

털이 얇고 희미해졌고 이빨도 빠졌다.

그러자 플로의 아들 피건이 마이크에 도전장을 던졌다.

또한 피건의 형 파벤은 친구인 험프리를 부추겨

마이크에 도전장을 내밀게 했다.

덩치가 크고 호전적인 험프리는 결국 파벤의 도움으로

우두머리가 되었다.

그런데 얼마 못 가서 피건과 에버드가

험프리 자리를 위협했다.

제인과 휴고는 영리하고 대담한 피건이
험프리와 에버드를 제치고 우두머리가 되리라고 예상했다.
힘을 합친 피건 형제는 에버드에 심각한 상처를 입혔고
거기에 플로마저 가세했다.
그 결과 피건의 세상이 열렸다.

루스 데이비스의 죽음은 연구소의 정책 변화를 불러왔다.
연구원들과 학생들은 현지 직원과 동행하지 않고는
현장에 나갈 수 없게 되어 현지 직원이 더 충원되었다.

1970년에 들어서면서 내셔널지오그래픽협회
지원금이 대폭 삭감되었다.
그러나 지원금 삭감엔 긍정적인 면도 작용했다.
지원금이 줄었다는 건 곰베에 미치는 영향력도
그만큼 줄었다는 것을 의미했다.
이것은 다른 기회를 의미하기도 했다.

제인과 친분이 있는 스탠퍼드대학의 정신과 학장
데이비드 햄버그 박사가 스탠퍼드대와 곰베 연구소의
공식적인 자매결연을 추진했고,

다르에스살람대학과의 자매결연도 중개했다.
게다가 윌리엄 T. 그랜트 재단에서
곰베에 매년 자금을 지원하도록 도왔다.
이 재단은 햄버그 박사가 진행하는
'스탠퍼드 영장류 연구'를 지원하고 있었다.

새로운 제휴와 더불어 제인은
스탠퍼드대와 다르에스살람대에 강사로 나가며
자신의 활동 반경을 넓혔다.
그리고 오래전부터 제목까지 정해 놓은 책
『인간의 그늘에서』를 쓰는 데 집중했다.

1970년 4월, 제인은 세 살 난 그럽을 데리고
밴이 있는 영국 버치스로 가서 글쓰기에 몰두했다.
제인은 선인세로 10만 달러나 되는 거액을 받았지만,
그럽을 위해 신탁에 넣는 바람에
개인적인 풍요를 누리지는 못했다.

이미 생각하고 있던 원고였기에 빠르게 진행되어 1971에
『인간의 그늘에서』가 영국과 미국에서 출간되었다.

『인간의 그늘에서』는 전반적인 침팬지 이야기로
제인의 어느 작품보다 일반 대중에게
강렬한 인상을 심어 주었다.

'비가 오면 수컷 침팬지들은 무리를 지어
한밤중에 춤을 추며 과시한다.
이것을 '비춤'이라고 부른다.'

『인간의 그늘에서』는 제인이 그동안 곰베에서
야생 침팬지를 관찰한 내용을 담고 있는데,
여기서는 플로가 주인공이다.

'암컷 침팬지는 한 달에 10일 정도만
수컷과 성생활 하도록 진화되었다.
이 성생활 역시 암컷이 임신 중이 아니거나
수유 중이 아닐 때만 가능하다.
이것은 어미인 경우에는 5년간이나
성생활을 할 수 없다는 것을 의미한다.'

4년 전 내셔널지오그래픽이 출간한

『내 친구 야생 침팬지들』은 협회 사람들에게만 판매했지만,
『인간의 그늘에서』는 대중에 판매하는 제인의 첫 책으로,
제인은 이 책에 애정을 듬뿍 쏟았다.
『인간의 그늘에서』를 읽은 독자는 제인이 여성이면서도
남성보다도 더 용감하고 똑똑한 점에 감동했다.


『인간의 그늘에서』는 여성의 성취를 보여 주었음은 물론
과학의 대중화에도 기여했다.
또 47개 언어로 번역되어 전 세계로 나갔고,
저명한 미국 인문과학학술원에 선정되었다.


그럽은 안타깝게도 동물들과 편하게 지내지 못했다.
아이는 개코원숭이한테 공격당하는 악몽에 자주 시달렸고,
무시무시한 뱀들과도 수시로 맞닥뜨렸다.


한번은 제인이 그럽에게
플라스틱 바나나 장난감을 주며
플로의 아들 플린트에게 주라고 했는데,
짓궂은 플린트가 갑자기 그것을 빼앗아 달아났다.
잠시 후 플린트가 다시 오더니

121

그럽의 손을 물었다.

그럽은 그 이후로 다시는 침팬지 가까이 가지 않았다.


곰베에서 아이를 키우는 데는 교육도 문제였다.

그럽이 갈만한 정규 초등학교가 없어서

제인은 그럽을 통신 학교에 등록시켰다.

학습내용을 우편으로 받아서 가르치는 홈스쿨인데,

그럽은 공부에 영 흥미가 없었고,

제인은 그런 그럽을 공부시키려고 매일 씨름하며 살았다.


모든 면에서 제인은 점점 더 성공 가도를 달렸다.

반면 휴고도 야망이 큰 사람이었으나,

그의 성공은 아내보다 상대적으로 미약했다.

그가 출간한 사진집 『이노센트 킬러스』는

말 그대로 『인간의 그늘에서』의 그늘에 묻히고 말았다.

둘의 관계는 나날이 불편해졌다.

휴고는 아내의 성공에 스스로 쪼그라들었다.

두 사람은 별거에 들어갔고,

휴고는 위안을 얻으러 세렝게티로 떠났다.

1971년 여름, 플로가 병약해지자,

제인은 휴고와의 문제는 뒤로하고 플로에 전념했다.

플로는 거의 오십이 다 되었기에,

이빨은 닳아 잇몸만 남았고 털은 점점 가늘어졌다.

침팬지의 수명은 40~50년이다.

한마디로 플로의 생이 다했다는 뜻이다.


그러던 8월의 어느 날 저녁,

플로는 맑은 개울가에 쓰러져 죽어 있었다.

옆에는 아들 플린트가 그저 멍하니

어미의 사체를 바라만 보고 있었다.


제인 역시 넋이 나갔다.

제인은 밤새 플로의 사체를 지켰다.

멧돼지들에 사체를 뜯길 것을 우려해서였다.

해가 밝자 사체를 연구소로 옮겨와 짚 위에 뉘었다.

그런데 다음날이 되니 플로의 시신은

다시 개울가로 돌아가 있었다.

다시 연구소로 가져다 놓아도 어김없이

다음날이면 개울가로 돌아가 있었다.

플린트의 짓이었다.

어미를 잃은 플린트는 생을 이을 의지조차 없는 것 같았다.

의기소침한 채 어미의 사체가 있는 개울가에

넋 놓고 앉아 있다가

필사적으로 어미가 살아 있음을 확인하려는 듯

어미의 팔을 당기며 안아 달라고 졸랐다.

어미가 미동도 않자, 플린트는 절망에 빠졌다.

먹지도 움직이지도 않았다.


제인은 플린트가 우려되어

약을 구하러 나이로비로 나갔다.

그러나 결국 플린트는 어미를 따라 죽었다.

플린트는 제인이 곰베에서 처음 출산을 경험한 새끼였다.

플로와 플린트를 동시에 잃은 제인의 심경은

참담하기 그지없었다.


'플로는 암컷 우두머리로,

과학계에 지대한 공헌을 한 침팬지입니다.

플로와 함께 지내면서 많은 지혜를 배웠어요.

개인적으로 그녀에게 감사의 빚이 있어요.

이제 곰베 생활은 전과 같지 않을 겁니다.'

제인이 쓴 플로의 사망 기사는
런던의 〈선데이타임스〉에 실렸고,
인간이 아닌 동물로서는 최초의 사망 기사였다.
제인과 플로 둘 다에 영예로운 글이었다.


플로의 사망 기사가 난 날 아침,
리키 박사의 사망 소식이 날아왔다.
리키 박사는 69세였다.
그는 비만이 심각했고, 심장마비 위험이 있었다.
그런데도 리키 박사는 수많은 프로젝트와 강연 등
무리하게 일정을 소화했다.
당시 그는 런던에서 밴과 함께 집필하는
자서전 마무리 작업 중이었다.


1972년 10월 1일, 루이스 리키 박사는
심장마비를 일으켰고
밴이 간호하다가 잠시 나간 사이 눈을 감았다.


리키 박사는 제인에게 영원한 스승이자 롤모델이었다.
제인은 곰베에서 연구하는 내내

편지와 전화, 그리고 전보로 끊임없이
연락을 주고받으며 그와 소통했고,
리키 박사는 제인과 곰베를 방문하여
제인의 연구에 힘을 보탰다.
그의 죽음은 제인에게는 커다란 슬픔이었다.
제인은 박사를 기렸다.

'20세기 과학은 루이스 리키 박사와 그분의 열정적인
공헌이 없는 탓에 빛을 발하기가 어려울 겁니다.
다양한 화석 자료를 발굴해 낸 불굴의 의지,
진화론에 관한 넓은 안목,
사람들이 기억할 뚜렷한 업적을 남긴 리키 박사가
20세기 과학의 거장 자리에 앉는다 해서
의구심을 품을 사람은 없을 겁니다.'

리키 박사가 죽고 그의 아내 메리가
올두바이 협곡 탐사팀 책임자가 되어,
인류의 화석 발굴에 온 힘을 쏟았고,
아들 리처드와 함께 유명한 인류학자 반열에 올랐다.

데릭 브라이슨은

당시 탄자니아 국립공원 총책임을 맡고 있었다.

그는 몇 년 전 농무부 장관일 때

곰베를 방문한 적이 있었다.

영국인이지만 아프리카인으로 전향한 그는

제2차 세계대전 중 비행기 사고로 한쪽 다리를 다쳤다.

사람들은 그가 다시는 걷지 못할 거라고 했지만,

그는 역경을 딛고 지팡이에 의지하여 잘 걸었다.

전쟁이 끝나고 그는 케냐에 와서

농부의 삶을 살다가 정치에 입문했다.

탄자니아의 초대 대통령인 줄리어스 니에레레는
자기를 지지한 데릭 브라이슨을
첫 내각에 기용하여 최초 백인 정치인 신화를 만들었다.


제인은 곰베의 연구를 지원할 재단을 찾는 중이었고,
안면식이 있는 데릭을 찾아가 이 문제를 의논했다.
데릭은 전임자보다 곰베 문제에 더 호의적이고
더 열린 마음으로 공감했다.


데릭은 제인에게 니에레레 대통령을,
또 정부 관료들을 소개했고,
이런 과정에서 자주 만나다 보니, 서로 호감이 생겼다.
그러나 제인은 아직 법적으로는 휴고와 혼인 관계였고,
데릭 또한 가정이 있는 남자였다.
한마디로 그들은 부적절한 관계였다.


데릭은 둘의 관계를 공식화하자며 아내와 헤어질 테니
제인도 휴고와 이혼하라고 요구했다.
또 거리가 먼 미국의 스탠퍼드대와
관계를 끊으라고 강요했다.

당시 곰베 연구의 많은 부분이

스탠퍼드대 연구원에 의해 진행되었고,

미국 자금으로 운용되는 부분도 많았다.

그렇기에 제인은 데릭에게 지금 자신이 하는 일의 중요성과

스탠퍼드대의 필요성을 열심히 설명했다.

제인은 데릭이 자신을 이해했으리라고 믿었다.

그러나 데릭은 무엇을 하든지

아프리카에 있어야 한다는 의견을 굽히지 않았다.


당시 제인은 데릭이 얼마나 휴고와 닮은꼴인지 몰랐다.

제인은 휴고가 그랬던 것처럼

데릭도 제인의 명성을 그리 중요시하지 않는다는

단서를 놓치고 있었다.

이것은 미래 불화의 씨앗이었다.


1974년 초, 제인과 일곱 살 된 그럽은

데릭과 루아하 국립공원으로 여행을 떠났다.

소형 비행기를 타고 가는데,

계기판에서 연기가 모락모락 피어오르기 시작했다.

비행기가 가까스로 국립공원의 활주로로 들어섰는데,

느닷없이 나타난 얼룩말 무리가 활주로에서
어슬렁거리면서 착륙을 방해했다.
조종사는 당황해서 혼이 나갔다.
착륙 속도가 정상보다 두 배나 빠르게 날고 있었는데도
무리한 착륙을 시도하려는 듯이 보였다.


"속도가 너무 빨라. 이렇게 급하게 착륙하면 안 돼!
착륙하면 안 된다고!"


한때 조종사였던 데릭이 소리치는 사이에
비행기는 '쾅' 하고 요란한 소리를 내며 착륙했다.
조종사는 엔진도 끄지 않은 채 문을 열고 뛰어내리며
"얼른 피하세요!"라고 소리치고는 사라졌다.
침착하려고 애쓰며 제인은
그럽의 안전벨트를 가까스로 풀어 빠져나가도록 했다.


데릭은 짐 더미에 깔린 채 좌석에 끼어 있었다.
게다가 그가 앉은 쪽의 문이 열리지 않았고,
불편한 다리로는 움직이기도 어려웠다.
제인은 데릭을 덮친 짐 더미들을 미친 듯이 집어던졌다.

"뭐 잃어버린 지갑이라도 찾아요?"


위기에 냉정하고 차분한 데릭은 이렇게 농담을 던지며
오히려 제인을 진정시켰다.
데릭은 인간적인 제인의 모습에 감동했다.
그는 제인의 도움으로 반대쪽 문으로 겨우 빠져나왔다.
비행기에서 탈출해 그들은 악어가 사는
아슬아슬한 강을 건넜다.
우여곡절 끝에 그들은 물에 빠진 생쥐 꼴로
휴게소에 도착했고,
긴장이 풀린 제인은 그제야 사고의 충격이 되살아나
몸이 오그라들고 다리가 벌벌 떨렸다.
그들은 따뜻한 차 한 잔을 마시며 살아 있음에 감사했다.
천만다행으로 데릭의 갈비뼈에 금이 간 것을 빼면
크게 다친 사람은 없었다.


이 사건을 계기로 제인은 이혼을 결심했다.
데릭이 그의 아내와 이혼하면 그와 결혼할 계획이었다.
비행기 추락 소식이 세상에 알려지자,
제인과 데릭은 긴장했다.

각자 가정이 있는 두 사람이

함께 휴가를 떠났다는 사실이 세상에 알려진다면

참으로 난처한 일이 생길 것은 뻔했다.

인터넷 없는 세상이 그들에겐 행운이었다.

서둘러서 데릭은 가족에게 제인과의 관계를 털어놓았고,

곧바로 아내와 이혼했다.


1974년 2월 초, 휴고가 몇 년 만에 곰베로 돌아왔다.

그는 마지막으로 제인에게 함께 곰베를 떠나자고 물었다.

제인에게 곰베는 삶의 전부였다.

모든 꿈을 포기하고 행복할 순 없었다.

결국 그들은 부부의 인연을 끝내고 친구로 남기로 했다.

두 사람은 휴고의 조국인 네덜란드에서 만나 이혼했다.

이혼하는 데는 5분밖에 걸리지 않았다.


1975년 2월, 제인과 데릭은 그럽만 참석한 가운데

조촐하게 결혼식을 올렸고,

두 사람의 상황을 고려해서

제인은 곰베에, 데릭은 다르에스살람에서 각자 살기로 했다.

1975년 5월 19일 월요일, 곰베에 재앙이 닥쳤다.

이번엔 침팬지가 아닌 연구원들에게 닥친 재앙이다.

밤 11시 30분경 테러리스트 40여 명이 탄 배가

곰베 연구소 근처 해안에 들어왔다.

수류탄과 총으로 무장한 그들은 연구소에 침입했다.

침입자들은 순찰원 한 명과 스탠퍼드대 학생들인

에밀리 버그만과 스티브 스미스, 캐리 헌터, 바버라 스머츠,

현지 직원인 에타 로사이를 인질로 잡았다.

당시 제인은 외부에 있었다.

침입자들은 인질을 위협해

남은 백인을 찾으려고 혈안이었지만,
사람들은 이미 잡힌 4명이 전부라며 시치미를 뗐다.
침입자들은 현지인은 풀어 주고
백인만 배에 태워 강 하구로 내려갔다.

소식을 들은 제인은 당장 곰베로 향했다.
데릭도 곧장 곰베로 왔다.
제인과 데릭은 인질로 잡힌 사람들의
위치를 알아내려고 혼신의 힘을 다했다.
혹시 밀림에 침입자들이 숨어 있을까 하는 희망으로
헬기를 타고 사방팔방 수색했지만 허사였다.

스탠퍼드대 총장은 곰베에 남은 미국인 학생 모두
나이로비로 대피하라는 소식을 전해왔다.
그러나 남은 학생들은 납치된 친구들의 소식이 궁금해서
다르에스살람의 데릭 집에 머무르며
그들의 소식을 기다렸다.

마침내 5일이 지나서 인질 중 한 명인 바버라가
침입자들의 편지를 들고 돌아왔다.

그즈음 납치범들의 신원이 밝혀졌다.

그들은 자이르(콩고의 이전 이름)의 반군 세력이었다.

그들은 돈과 무기, 정치범의 석방을 원했다.

요구사항을 들어주지 않으면

나머지 인질을 죽이겠다고 협박했다.


긴장이 고조되었다.

미국 대사관은 납치범과의 협상은 탄자니아 정부 몫이니

미국 대사는 납치범과 협상할 수도,

해서도 안 된다며 뒤로 물러섰다.

탄자니아 정부는 이 사건에 책임이 없으므로

납치범들과 협상하지 않겠다는 입장을 밝혔다.

모두 발을 빼는 모양새였다.

미국과 탄자니아 정부가 나서지 않은 것은

당시 복잡한 정치적 문제가 얽혀 있어서였다.


스탠퍼드대의 곰베 연구 책임자인 햄버그 교수가

인질인 스티브와 캐리의 아버지들과 함께

탄자니아로 날아왔다.

햄버그 박사는 제인이 협상을 주도해야 한다고 주장했다.

제인도 자기가 곰베 연구소 책임자니까,

협상 주도권을 가지려고 했다.

그러나 데릭이 강력히 반대하고 나섰다.

데릭은 이것은 정치적인 사건이라서

제인이 나설 수 없다고 주장했다.

실제로 이런 예민한 정치적 사건의 협상을

제인이 주도하는 것은 무리였다.


제인은 자이르와 탄자니아 정부 간의

복잡한 정치적 상황을 잘 몰랐고,

어떤 정치적 결정권이나 정치적 기반도 없었다.

게다가 제인은 정치적 협상에 참여한 경험이 전혀 없다.

강직한 제인이 저들의 심기라도 건드리는 날에는

최악의 악몽이 될 수도 있었다.

정치가인 데릭은 이 사실을 아주 잘 알고 있었고,

자신이 탄자니아 대변인 자격으로 나섰다.

제인도 데릭이 자기보다는 나은 적임자라고 여겼다.


미국은 미국 대사의 개입을 막으려고 했으나,

미국 대사는 용기를 내서 협상에 참여했다.

데릭이 보기에 햄버그 박사는

협상에 소질이 있어 보였고, 미국인이다.

당시 탄자니아 입장에서는 미국의 개입이 절실했고,

언제 미국 대사가 발을 뺄지 모르는 상황이었기에,

햄버그 박사를 협상에 참여시켰다.

햄버그 박사는 인질의 아버지들을 협상에 포함시켰다.

제인과 데릭은 그들을 데려가면

당연히 몸값 협상에서 불리할 거라며 반대했지만,

햄버그 박사는 이를 무시했다.

불행히도 제인과 데릭이 옳았다.

결국 납치범들은 엄청난 몸값을 요구했다.


다행히 몸값은 46만 달러로 처음 요구보다 많이 내려갔고,

돈 대부분은 캐리의 아버지가 마련했다.

상자에 영국 파운드를 가득 채워 그들에게 넘겼다.

그런데 납치범들은 캐리와 에밀리만 풀어 주었다.

일주일이 지나 탄자니아 감옥에 있는 정치범 두 명이

풀려나고서야 스티브가 돌아왔고,

그제야 모든 악몽은 끝이 났다.

납치 사건 이후로 곰베 연구소는 큰 타격을 입었다.

동아프리카에서 외국인 연구가 전면 중단된 것이다.

이에 따라 스탠퍼드대 연구원들을 비롯해

곰베의 외국인 연구원은 전부 철수해야 했다.

탄자니아 정부는 곰베 연구를 전면 금지하려고 했지만,

제인과 데릭의 노고로,

현지인들이 연구를 계속할 수 있게 되었다.


어느 정도 곰베가 정돈되고,

제인은 1975년 10월, 새 학기 강의를 하러

스탠퍼드대에 갔는데

동료 교수들로부터 심한 따돌림을 받았다.

납치당한 학생들의 협상을 제인이 주도하지 못했고,

남편 뒤에 숨어서 그 문제를 은폐하려 했다는

소문이 나돌았다.

한 학기 동안 묵으려고 임대한 집도 느닷없이 취소되었다.

인내심을 발휘한 제인은 이번 학기를 마지막으로

스탠퍼드대와의 인연을 끊었다.

1970년에 들어서면서 침프랜드 침팬지들이

크게 두 무리로 나뉘어 다툼이 일어나더니,

1974년이 되니, 이 두 무리는 앙숙이 되어 있었다.

이 두 무리는 힘 있는 수컷 패거리들이 이끌었는데,

이들은 우르르 몰려다니며 종종 문제를 일으켰다.

그러던 어느 날, 마담 비 사건이 터졌다.

소아마비로 다리를 저는 마담 비를

적대 관계에 있는 수컷 4마리가

비탈로 질질 끌고 다니며 죽일 듯이 패서

결국 마담 비는 죽음에 이르고 말았다.

이런 패거리 공격은

한쪽이 백 퍼센트 승리를 거두자,

끝이 났는데,

이 싸움은 4년에 걸쳐서 지속되었다.

승리한 무리는 점점 더 영역을 넓혀서 생활하며,

침프랜드를 접수했다.


또 암컷인 패션과 그 새끼인 폼과 프로프가

질카가 갓 낳은 새끼를 잡아먹은 사건도 있었다.

이런 만행은 침팬지 사회에서도 비정상적인 행동이라,

다른 침팬지들도 당황하고 공포에 휩싸였다.


10년간 꾸준히 침팬지를 관찰해 온 제인도

이런 살상을 보고는 생각이 많아졌다.

당시 동물 학자들은 야생 동물이 잔혹하다고는 생각했지만,

영역이나 권력 다툼 차원의 살상은 믿지 않았다.

침팬지는 생각보다 훨씬 더 인간과 비슷했고,

이런 살상이 침팬지 사회에서만 일어나는 것은

아닐 것으로 제인은 추측했다.

1979년 제인은 〈내셔널지오그래픽〉 5월호에
침팬지의 살상을 주제로 한 보고서를 실었다.
이 보고서가 나가자마자 학계에 난리가 났다.

  '구달 박사의 관찰은 단순한 일화 정도로
  치부하는 것이 옳지, 이 사건 사례를
  침팬지 전체에 적용하는 것은 적당치 않다.'

몇몇 비평가는 구달 박사가 너무 자극적인 보도에만
열을 올린다고 제인의 관찰을 깎아내렸다.
심지어 어떤 과학자는 〈내셔널지오그래픽〉 측의 실수로
잘못 실린 거라며 비아냥거렸다.
그러나 결국 훗날 이 사실 또한 널리 받아들여졌다.
세상에 제인보다 더 침팬지에 대해 아는 과학자는 없었다.

1977년 제인은 미국에 '제인구달재단'을 설립했다.
파우스티노 이탈리아 왕자 부부가 '제인구달재단'을 설립해
야생 동물 연구를 지원하겠다고 제안해 왔기 때문이고,
제인도 곰베 연구소의 후원금을 관리할 재단이 있으면
훨씬 더 연구가 안정적이고 체계적일 거로 생각했다.

재단의 근거지를 미국으로 한 것은

경험상 덩치 큰 자금이 미국에서 들어왔기 때문이다.

미국 국세청이 공식적으로 세금 면제를 승인해 주었다.

제인구달재단은 곰베 연구소가 재정적으로

독립하는 첫걸음이었다.


부족한 비용은 강연으로 충당했다.

사실 제인의 대중 강연은 곰베 연구소의

가장 큰 자금 출처였다.

그러나 제인구달재단은 빠르게 자리를 잡았고,

침팬지뿐만이 아니라

다른 야생 동물 연구도 지원했다.


제인이 강연으로 바빠질수록 데릭과의 다툼은 잦아졌다.

데릭은 보수적인 사람이었지만,

그래도 제인의 꿈을 응원했다.

제인의 매력에 푹 빠진 원인도

제인의 도전적인 성격 때문이기도 했다.

그러나 결혼 생활은 또 다른 면이 있었다.

성공한 아내는 불편했다.

제인은 이런 데릭이 갑갑해지기 시작했다.

휴고와는 다를 것으로 생각했지만,

결국 같은 갈등이 생기고 말았다.

안타깝게도 그들에겐 문제를 해결할 시간이 없었다.

어느 날 데릭이 소화가 잘 안된다며 복통을 호소했다.

진단은 암이었고, 3개월 시한부 판정을 받았다.

데릭은 점점 더 나빠졌고 모르핀을 맞아야만

고통을 견딜 수 있었다.

결국 제인은 의사에게 남편의 고통이 너무 크니,

그를 살리려고 애쓰지 말라고 간청하기에 이르렀다.


1980년 10월 11일, 제인은 남편의 마지막 숨소리를 듣고

죽음을 감지했다.

침대로 올라간 제인은 남편 곁에 누워

그의 마지막을 함께했다.


데릭의 장례식은 다르에스살람에서 치러졌다.

데릭을 기리는 추도문이 낭독되었고

유해는 데릭이 가장 좋아한

인도양 섬에 가서 뿌릴 참이었다.

그런데 데릭의 마지막 배웅은 시트콤 같았다.

제인 일행이 배를 타려는데 갑자기 거센 폭우가 몰아쳤다.

강한 풍랑 탓에 배가 섬까지 도달하기란 사실상 불가능했다.

그냥 배 위에서 데릭을 보내 주려고 하는데,

강한 바람 탓에 꽉 잠긴 유골함 뚜껑을 여는 상황이

마치 코미디를 방불케 했다.


우여곡절 끝에 제인이 바다 위로 재를 뿌리자,

재가 은빛으로 춤을 추며 흩날렸다.

이것은 마치 데릭이 웃는 모습 같았다.

제인은 분명히 데릭도 이 상황에 웃었을 거로 생각했다.


데릭이 떠나고 일상으로 돌아온 제인은

차분히 책 쓰기에 몰두했다.

우선 10여 년 전에 낸 『곰베 침팬지들의 자유분방한 행동』

개정판 작업에 들어갔다.

1982년에 시작한 이 프로젝트는

4년의 세월과 공을 들인 끝에 백과사전 형식으로 탄생했다.


이 책은 제인이 곰베에서 연구를 시작한 이래로

침팬지에 관한 모든 연구를 총망라한 것이다.

1986년 새로 출간한 이 책 제목은

『곰베의 침팬지: 그 행동양식』으로

분량은 650페이지가 넘었다.

제인은 이 책을 침팬지 연구를 시작하는데

가장 큰 영향을 준 이들에게 바쳤다.


　　'내 어머니 밴을 위해,

　　곰베의 침팬지들을 위해,

　　그리고 루이스 리키 박사를 기리며.'

1986년 11월에 '침팬지의 이해'라는 주제로 열린

시카고 학회는 제인의 삶을 송두리째 바꾸어 놓았다.

이곳에는 내놓으라는 침팬지 학자들이 전부 모였고,

단연코 주인공은 제인이었다.

학자들은 하나 같이 입을 모아 제인의

『곰베의 침팬지: 그 행동양식』 출간을 칭송했고,

상기된 제인도 제2권을 구상 중이었다.

그런데 학회에서 침팬지가 멸종되고 있다는 발표를 들었다.

미국 실험 연구실에 3천 마리가 잡혀 있고,

아프리카에서는 멸종되고 있다고 했다.

아프리카 숲이 사라지면서 개체 수가 급격히 줄었고,

사냥꾼들에게 잡혀 수많은 동물원에 전시된다는 것이다.

숨이 멎을 것 같은 충격이었다.

이 소식과 더불어 제인은 자신의 모든 활동을 접었다.

곰베 연구소는 그곳 연구원들에게 맡기고,

구상 중이던 『곰베의 침팬지: 그 행동양식』 2권도 포기했다.


"그날 나는 침팬지 연구자로 학회에 참석했으나,

환경 운동가가 되어 학회를 떠났다."


제인은 침팬지 멸종을 막는 일에 온 힘을 쏟기로 결심하고,

시카고 학회에 참석한 30여 명과 함께

'침팬지보존보호위원회CCCC'를 만들었다.

CCCC의 첫 활동은 야생 침팬지를 보호하는 것이었다.

생물학적으로 인간과 닮은 침팬지는 의학 실험에 이용된다.

야생 동물 밀거래업자들은

연구용으로 쓸 새끼 침팬지를 잡으려고 혈안이었다.

새끼 한 마리 잡아가는 것은 단순히 한 마리가 아니다.

10마리 정도가 총에 맞아 죽어야

겨우 한 마리를 잡을 수 있기 때문이다.

우선 제인은 미국 정부가 국립보건원의
침팬지 포획 관련 프로젝트에 예산을
편성하지 못하게 하는 법안을 상정하도록 했고,
보건원 연구원들에게 곰베 침팬지들의 일상을 보여 주며
침팬지를 실험실에 가둔 것은
사람을 감옥에 가둔 것과 똑같다고 호소했다.
모욕을 주지 않고 양심에 호소하는
제인의 진심이 담긴 오랜 시간에 걸친 노력으로
국립보건원 원장은 끝내 실험실 침팬지에 연민을 느꼈다.
결국 그는 침팬지 실험을 중단하기로 정했고,
루이지애나주에 넓은 '침프 헤븐'을 만들어
실험실 남은 침팬지들에게 바쳤다.

"실험실 침팬지들의 남은 생애를
지켜줘야겠다고 마음먹었어요."

어느 날 제인은 몰래 촬영한 실험실 영상을 보았다.
경악할 노릇이었다.
끔찍한 실험실 실상을 본 제인은 남이 찍은 영상이 아닌
직접 눈으로 확인하려고 실험실을 찾았다.

제인이 들어가자, 귀퉁이에서 멍하니 앉아 있던 침팬지들이
제인에게 다가왔다.

제인이 처음 만난 실험실 침팬지는 '조조'였다.

조조는 15년 동안 갇혀 살았다.

조조를 본 제인은 곰베의 침팬지가 떠올랐고
자기도 모르게 눈물을 흘렸다.

그러자 조조가 철창 밖으로 손가락을 내밀어
눈물을 닦아 주었다.

조조와 제인은 마음과 마음으로 통했다.

제인은 실험용 침팬지들도 가장 기본적인 삶을
누려야 한다고 동물원 책임자들을 설득했다.

"실험용 우리에 갇힌 침팬지들에게도
잠자리를 만들 나무와 나뭇가지,
인공 개미굴 등 침팬지들이 야생에서 즐기던 것을
우리에 넣어 주어야 합니다.
그들에겐 생명과도 같은 것들입니다."

1992년 이번에 제인은 콩고의 브리자빌 동물원을 찾았다.

이 동물원은 가장 지독하고 끔찍한 동물원이었다.

이곳의 갇힌 동물들은 죽을 때까지 전시되었고,
먹이나 물을 제공받지 않아 굶어 죽는 동물이 많았다.


그곳에서 제인은 '그레구아르'라는 침팬지를 보았다.
그레구아르는 50년을 감금되어 살았고,
뼈만 앙상하게 남아 있었다.
다른 침팬지들의 상황도 비슷했다.
처참한 심정으로 숙소에 돌아온 제인의 눈에
자꾸 그레구아르가 아른거렸다.
도저히 안 되겠다 싶은 제인은
그들을 살릴 방법을 찾아 나섰고,
그러던 중 콩고에 진출한 코노코 석유회사를 알게 되었다.


이 석유회사는 환경을 해치며 석유 개발을 한다는
이미지를 벗고 싶어 방법을 찾던 중 제인과 손이 닿았고,
제인의 침팬지 보호 프로젝트를 후원하기로 했다.
그리하여 콩고 숲에 '침푼가 재활센터'를 마련했다.
1992년 12월, 그레구아르를 비롯한
브라자빌 동물원의 침팬지들과 고아 침팬지,
구조된 애완 침팬지 22마리가 마음껏 다닐 수 있는

'침푼가 재활센터'에 입주했다.

사람들은 정반대 쪽에 있는 사람들과

손을 잡는다고 제인을 비난했고,

그 돈은 '더러운 돈'이라며 제인을 말렸다.

그러나 제인의 생각은 달랐다.

다른 길을 걷는 사람에게도 새로운 기회를 줘야 하고,

그들도 이런 일을 하다 보면,

실제로 생각이나 행동이 바뀔 수도 있다고 믿었다.

그리고 무엇보다도 가엾은 침팬지를 살리는 것이 더 급했다.


이주한 침팬지들의 삶은 극적으로 바뀌었다.

자유롭게 발을 내디디며 발아래 젖은 땅을 느끼고

울창한 나무의 향기를 맡고 섬의 신비로운 소리를 들으며

인간에게서 받은 상처를 치유했다.

분명히 석유회사는 나쁜 이미지를 벗고 싶은 마음에서

시작한 사업이었지만,

그들은 침푼가 재활센터를 만드는 과정에서

그 마음은 침팬지를 위한 진심에 와 닿아 있었고,

침팬지들의 재활센터 입주를 진심으로 환영했다.

3년 만에 침푼가의 침팬지는 22마리에서 160마리로 늘었다.

그러자 문제가 되었다.

개체 수가 장소에 비해 많아서 조밀해진 것이다.

다시 침팬지들은 긴장하기 시작했다.

이에 제인은 콩고와 협의하여 쿠일루 강 주변에 있는

3개 섬으로 침푼가 센터를 확장하여 120마리를 이전시켰다.

이리하여 침푼가 재활센터는 처음보다 8배나 넓어졌다.


당시 제인은 '동물권'이란 새로운 개념에 몰입되어 있었다.

피터 싱어의 『동물해방Animal Liberation』을 읽고

공장식 농장에서 기르는 동물을 보고는 큰 충격을 받았다.

그때부터 제인은 채식을 주로 먹었다.


"공장식 농장의 존재를 알고부터는

고기가 목구멍으로 넘어가질 않았어요."


제인의 이런 '동물권' 의식은

'뿌리와 새싹Roots&Shoots' 활동으로 이어졌다.

'뿌리와 새싹'은 제인의 강연을 들은

탄자니아 청소년 16명이 시작한 풀뿌리 환경 운동으로

이 작은 모임은 전 세계로 퍼져나가

모든 생명체에 더 나은 환경을 만들어 주는
환경 운동으로 확산했다.

제인은 세상을 바꾸기 위해 노력하는 사람이 있다면
그곳에는 항상 '희망'이 있다고 말한다.
1991년에 시작한 '뿌리와 새싹' 운동은
100여 나라에 지부를 두었고,
전 세계적인 환경 운동 네트워크로 성장했다.
'뿌리와 새싹'은 사람과 동물,
자연을 돕는 프로젝트를 진행하고,
제인은 이 프로젝트를 발전시키는 데에 공을 많이 들였다.

"진정한 차이를 만들려면
젊은이가 나서서 세상을 변화시켜야 합니다."

'동물권'으로 시작한 '뿌리와 새싹' 운동은
점차 확대해서 사회 개혁 운동으로 변모해 갔다.
사회가 건강해야 동물들의 권리도 보장되기 때문이다.
제인 구달을 닮고 싶은 최재천 교수가
힘을 보탠 한국 지부도 있다.

제인이 한국을 방문하면 이곳을 찾아 힘을 돋운다.

제인의 다음 활동은 TACARE
(the Lake Tanganyika Catchment Reforestation and Education)로,
침팬지 서식지를 보호하면서
곰베 숲 주변 마을 사람들의 살길을 도모하는 운동이다.
곰베 주변의 여러 마을 주민들은 농사를 지으려고
곰베 숲의 가파른 경사지까지 밀어내고
농작물을 심었다.
그러자 산사태가 났고 진흙더미가 우르르 흘러내렸다.
결국엔 마을 절반이 파괴되었고,
수많은 사람이 목숨을 잃었다.

TACARE 운동으로 수백만 그루의 나무가 심어졌고,
탕가니카 호수의 오염을 줄였으며,
마을 사람들의 수입을 늘릴 농작물이 개발되었다.
가족계획을 세우는 것 외에도
공중위생과 에이즈 방지 교육도 했다.
학생들이 고등학교와 대학에 갈 등록금도 지원했다.
이런 과정에서 현지 사람들은 자연의 중함을 알게 되었다.

TACARE는 콩고와 카메룬을 비롯해
아프리카 여러 나라로 확대되었다.
이런 활동 뒤에는 항상 제인구달재단의 후원이 있었다.

2022년에 침팬지 '운다'는
불법 야생 동물 거래 현장에서 구출되었다.
이 침팬지에 '운다'라는 이름을 지어 주었는데,
콩고어로 '죽음이 임박한'이란 뜻이다.
비쩍 마른 운다는 생명이 위급한 상황이었다.

침푼가 재활센터에서
제인과 그곳 침팬지 돌보미들이 운다를
지극 정성으로 돌보며 치료했고,
다행히도 1년 넘는 재활 끝에
질병을 극복하고 건강을 되찾았다.
재활 과정에서 제인과 운다는 특별한 신뢰를 쌓았다.
다시 야생으로 돌아가는 날,
제인 일행은 자동차와 보트를 타고 강을 건너서
운다가 든 철창 우리를 야생 숲으로 옮겼다.
그리고 조심스럽게 철창문을 열었다.

철창에서 나온 운다는 어리둥절하며 배회하다가
곧바로 철창 위로 올라가더니
자기를 지극 정성으로 돌봐준 제인과
눈높이를 맞추었다.
그리고 거의 아흔에 가까운 제인을 오랫동안
뜨겁게 포옹했다.
다시 땅으로 내려와서도 한동안 떠나지 못하더니,
아쉬움을 뒤로 하고 자기가 살 야생으로
느릿느릿 걸어 들어갔다.

제인은 운다가 지상 낙원인 야생으로
돌아갈 수 있다는 것에 감격했고,
야생에서 잘 살기만을 바랐다.
침팬지가 사람처럼 제인을 뜨겁게 포옹한 장면은
많은 사람에게 깊은 울림으로 다가왔다.

제인은 나날이 대중에 노출되었다.

케이블 방송에도 나오는가 하면

〈손베리의 가족대탐험〉이라는 TV 시리즈물에

목소리 출연을 하기도 했다.

또 〈심슨가족〉에 패러디되기도 하고

저명한 만화가 개리 라르손의 만화 주제가 되기도 했다.

장성한 그럽은 결혼했고,

세 아이를 낳아 탄자니아에서 산다.

그는 낚시에 소질이 있어서

낚시꾼으로 명성이 자자하지만,

여전히 침팬지와 제인 일에는 무심하다.


영국으로 돌아간 밴은 소설가가 되었다.
23세에 아프리카에 간 백인 아가씨를 주인공으로 한
로맨스 소설도 썼는데,
제인에게서 영감을 얻어 쓴 소설이었다.
그런 제인의 영원한 후원자이자 지지자인
밴이 세상을 떠났다.
제인과 속삭이듯이 전화 통화를 하고는
곧바로 숨을 거두었다.
2000년 4월 12일이었고, 94세였다.


  '어머니는 마지막 순간까지 정신이 맑고 또렷했어요.
  그 누구도 제 어머니보다 자식 뒷바라지를 더 잘해 준
  어머니를 둔 사람은 없을 겁니다.'


제인은 '뿌리와 새싹' 소식지에 어머니 부고를 전했다.
제인이 세상에서 가장 감사한 사람을 딱 한 명 뽑으라면
그것은 밴이었다.
그리고 1년 뒤 아버지 모티머도 94세로 세상을 떠났다.

상실의 시기였다.

휴고도 생의 마지막 길에 다다랐다.

당시 휴고는 세렝게티의 캠프에 머무르며

사진 작업을 하다가,

그만 폐기종에 걸렸고,

다르에스살람 그럽의 별채에 머물렀다.


아쉽게도 휴고는 이듬해 2002년 6월 2일 오전 7시,

아들 그럽의 배웅을 받으며 눈을 감았다.

65세였다.


휴고가 열정과 섬세한 감각으로 담아낸

세렝게티의 초원과 야생 동물 사진은

세렝게티를 전 세계에 알리는 계기가 되었다.

아프리카 하면 떠오르는 세렝게티는

모두 휴고의 사진 덕분이었다.

탄자니아 정부는 이런 휴고의 공을 인정해서

국장으로 장례를 치르기로 했고,

이에 따라 휴고의 시신은 비행기에 실려

세렝게티로 날아갔다.

제인은 장례식에 참석하지는 못했지만,
휴고의 마지막을 함께한 지인이 이메일을 보내왔다.

> '그의 무덤은 아름답고 굉장히 평화로운 곳,
> 그가 있어야 할 바로 그런 곳,
> 기린들이 와서 굽어보고,
> 아름다운 임팔라 무리가 곁을 지나쳐 가고,
> 밤이면 하이에나들이 끄애애 우는
> 그런 곳에 자리했습니다.'

곰베는 여전히 크고 작은 사건에 노출되었다.
2004년 8월18일, 곰베에 불이 났다.
불길은 강한 돌풍을 타고 가파르게 이동했고,
곰베 12계곡의 밀림을 순식간에 집어삼켰다.
불행히도 불길은 일주일이 지나서야 잡혔다.
이 화재로 소중한 나무와 동물들, 그리고 피피를 잃었다.
화재 이후로 피피를 본 사람은 아무도 없었다.
피피는 1960년 제인이 처음 곰베에 왔을 때
그곳에 있던 침팬지 중 유일하게 남은 침팬지였다.
엄청난 모성을 보여 준 플로의 딸 피피는

9마리의 새끼를 낳았고,

어미의 모성을 이어받아 그들을 애정으로 키워냈다.

제인은 거의 50년을 함께한 피피의 사체조차

거두지 못한 것이 몹시 서글펐다.

제인은 1년에 300일은 전 세계를 돌아다니며

야생 동물의 보존과 사회 개혁 운동을 전파하고 다녔다.

이것은 다 함께 더 나은 지구를 만드는 일에

동참하길 바라는 간절한 마음에서 비롯되었다.

한국도 수차례 방문해서 동물원 등을 돌아보았다.

2012년 한국에 왔을 때 제인은

동물원에서 돌고래 쇼를 한

제돌이 방류 프로젝트에 큰 힘을 실었다.

제인은 쇼를 한 제돌이를 보고

제돌이가 무척 피로한 상태임을 느꼈다.

이 느낌을 관계자들에게 전했고,

한국은 아시아 최초로 남방큰돌고래 제돌이를

방류하기로 결정했다.

가끔 돌고래들은 제주 바다에서 소식을 전해온다.

방류한 다섯 중 세 마리가 암컷인데,

셋 다 새끼를 낳았단다.

이 소식을 접하자, 제인은 뭉클했다.

그리고 2023년 89세의 제인이 다시 한국을 찾았다.

수많은 사람이 제인을 만나러 강연장을 찾았다.

"요즘 세상은 암울하지만 굴복하지는 말자고요.

우리가 매일 세상을 조금씩 바꿀 행동을 하면 되니까요.

인간은 지성을 활용해서 해결책을 찾고 있어요."

특이한 것은 제인이 평양을 방문한 사실이다.

2004년 11월 19일에 제인은 평양을 방문해

중앙동물원을 찾았다.

그런데 그곳 침팬지가 자꾸 죽는다는 소식을 들었다.

침팬지들을 보니 영양이 부족해 비쩍 말라 있었다.

그들은 기력이 없어서 팔을 올리는 것도 버거워했다.

제인은 눈시울이 뜨거웠다.

제인은 조련사들에게 침팬지 서적을 몇 권 주고

나중에 침팬지 먹이를 정리한 책자를

우편으로 보내 주겠다고 했다.


2020년 코로나바이러스가 전 세계에 퍼졌다.

제인은 두려웠다.

인간과 DNA가 98.6퍼센트가 일치하는 침팬지는

호흡기 질병에 무척 약하기 때문이다.

인간의 몸에 있는 바이러스가 전파될 경우

가장 큰 피해를 볼 동물은 침팬지이기 때문에

제인의 신경은 침팬지들을 향해 곤두서 있었다.

특히 곰베의 침팬지처럼 야생 침팬지들은

코로나 감염에 노출되기 쉽다.

침팬지들이 무심코 마을에 내려갔다가

코로나에 걸려 돌아올 수도 있고,

사람들이 길을 헤매다 혹은 땔감을 찾아서

밀림에 들어올 수도 있기 때문이다.

숲이 줄어들면서 멸종 위기에 처한 침팬지에

코로나바이러스는 저승사자나 마찬가지였다.

그렇기에 코로나 시기 곰베엔 두세 직원만이
가운과 마스크를 쓰고 밀림에 들락거렸다.

제인은 코로나19를 계기로
인간은 자연과의 관계를 재정립해야 한다고 주장한다.
인간은 자연을 파괴했고, 동물들은 서식지를 잃었다.
집을 잃은 동물들은 인간이 사는 장소로 내려왔다.
그러면서 동물의 바이러스가 인간에게,
인간의 바이러스가 동물에게 감염되었다.
사스, 메르스, 애볼라, 코로나바이러스가
다 이렇게 시작된 것이다.

제인은 이번 코로나바이러스로 말미암아
사람들의 인식이 바뀐 것에 주목한다.
사람들이 자연을 무시함으로써
자초한 일이라는 것을 스스로 깨달은 것이다.
이제는 다르게 살아야겠다고 말하는 사람이 많아졌다.
여론이 변화를 원하고 있다.
제인은 이것이 '희망'이라고 생각한다.
제인은 또 소비 문화도 바뀌어야 한다고 지적한다.

우리가 환경을 생각하지 않는 기업의 제품을 안 사면
기업도 당연히 바뀔 수밖에 없다고 주장한다.
그러니 경각심을 더 고조시키자고 부추긴다.
제인이 전 세계를 도는 여정을 포기할 수 없는 이유는
다 함께 더 나은 지구를 만드는 일에
동참하길 바라는 간절함 때문이다.
모든 사람이 해야 할 일,
즉, 더 가벼운 생태 발자국을 남기기 위한 노력 말이다.
제인은 사람들에게 말한다.

"우리의 혼란한 일상에서도 각자 할 일이 있어요.
우리는 날마다 어떤 변화를 만들 수 있답니다.
그리고 당신은 어떤 변화를 만들지 선택할 수 있어요.
하루의 끝에 선 당신은 세상을 좀 더 나은 곳으로
바꾸었다고 느끼고 싶은가요?
더 나은 세상을 만드는 건 우리 모두의 몫이에요."

| | |
|---|---|
| 1934년 | 런던에서 태어남(4월 3일) |
| 1957년 | 아프리카 케냐에 도착 |
| | 루이스 리키 박사와 올두바이 화석 탐구팀에 합류 |
| | 코리든 박물관 관장 루이스 리키 박사 비서로 일함 |
| 1960년 | 룰루이 섬에서 버빗원숭이 연구 |
| 1960년 | 탄자니아 곰베 국립공원에서 야생 침팬지 연구 시작 |
| | 침팬지에게 번호가 아닌 이름을 지어 줌 |
| | 침팬지 데이비드 그레이비어드 만남 |
| 1961년 | 영국 케임브리지대학 박사과정 시작 |
| 1967년 | 『내 친구 야생 침팬지들』 출간 |
| 1966년 | 케임브리지 박사 학위 과정 통과 |
| 1977년 | 미국에 제인구달재단 설립 |
| 1983년 | 『인간의 그늘에서』 출간 |
| 1986년 | 『곰베의 침팬지들: 그 행동양식』 출간 |
| 1986년 | 실험실 침팬지들이 처한 환경 개선 운동 시작으로 환경운동가로 변신. |
| 1989년 | 청소년 자연보호 단체 '뿌리와 새싹' 설립 |

| 1991년 | 『창을 통해서: 곰베의 침팬지와 함께 보낸 30년』 출간 |
|--------|----------------------------------------------------|
|        | 『제인구달의 아름다운 우정』 출간 |
|        | 에든버러 메달 |
| 1994년 | 곰베 마을 사람들과 숲 살리기 운동인 TACARE 프로젝트 실행 |
| 1995년 | 내셔널지오그래픽 소사이어티 하버드 상 |
| 2001년 | 간디 킹 비폭력 상 |
| 2002년 | 벤자민 프랭클린 메달 |
|        | UN 평화의 대사 임명 |
| 2004년 | 영국 제국 훈장 DBE |
| 코로나 이전 | 제인 구달은 1년에 300일을 세계 각지를 돌아다니며 |
|        | 야생 동물 보존과 사회공동체의 역할에 대해서 강연함. |
| 코로나 시기 | 전 세계를 다닐 수 없게 되자, |
|        | 인간의 일상을 재정비할 필요성을 주장하며 |
|        | 인터넷 강연과 SNS로 소통함 |
| 2023년 | 사람과 동물이 사는 더 나은 세상을 위해서 |
|        | 다시 세계 순회를 시작함 |
|        | 한국 다시 방문 |

여성으로 태어나서

# 제인 구달

**첫판 1쇄 발행** 2023년 11월 10일

**지은이** 윤해윤

**디자인** (본문, 표지) 김혜림

**발행인** 권혁정 | **펴낸곳** 나무처럼

**주소** 고양시 일산동구 강촌로26번길 49, 3층

**전화** 031) 903-7220 | **팩스** 031) 903-7230

**E-mail** nspub@naver.com

ISBN 978-89-92877-65-7 (44330)

    978-89-92877-50-3 (44330) (세트)

**제조국** 대한민국 사용연령 10세 이상

**제조년월** 2023년 11월


＊책값은 뒤표지에 있습니다.